bromera

BROMERA TEATRE

COL·LECCIÓ DIRIGIDA PER SALVADOR BATALLER

ÚLTIMS TÍTOLS PUBLICATS

74. *El miracle d'Anne Sullivan.* William Gibson
75. *Dinamarca.* Josep Lluís i Rodolf Sirera / *Plagi.* Rodolf Sirera
76. *L'increïble assassinat d'Ausiàs March.* Anna Marí i Daniel Tormo
77. *El jardí dels cirerers.* Anton P. Txèkhov / Manuel Molins
78. *De dol.* Queralt Riera
79. *Perquè t'estime, que si no.* Carles Alberola
80. *Hotel Fontana.* Pau Alabajos
81. *Anar a Saturn i tornar.* Marta Barceló
82. *Projecte Meitner. Una història de ciència i traïció.* Robert Marc Friedman
83. *Gulliver captiu.* Paco Romeu
84. *Júlia.* Isabel-Clara Simó / Gemma Miralles
85. *Franz i Marion.* Marta Moreno Pizarro
86. *Ella i màquina.* Sergi Belbel
87. *Presoners.* Pasqual Alapont, Sònia Alejo, Chema Cardeña, Patrícia Pardo, Rodolf Sirera, Begoña Tena. Coordinació de Carles Alberola
88. *L'abraçada dels cucs.* Paula Llorens / Tomás Motos i Antoni Navarro
89. *El tocadiscos de Joan Fuster.* Pau Alabajos
90. *La pedregada.* David Sánchez Pacheco
91. *L'Acadèmia dels Prodigis.* Manuel Molins

Hi ha unes propostes didàctiques referides a aquest llibre que es poden descarregar de manera gratuïta des del web de Bromera www.bromera.com.

Av. Areners, s/n (Pol. El Pla) - 46600 Alzira
www.bromera.com
Disseny de la col·lecció i coberta: Enric Solbes
Impressió: Romanyà-Valls

1a edició: novembre, 2006
9a edició: gener, 2023
ISBN: 978-84-9824-049-8
DL: V-3097-2012

PAPER ECOLÒGIC
TCF LLIURE DE CLOR

FOTOCOPIAR LLIBRES
NO ÉS LEGAL

LLIBRE AMIC DELS BOSCOS
PAPER PROCEDENT DE FONTS RESPONSABLES

Monopatins
(Skaters)

Manuel Molins

Introducció / Francesc Foguet

TEATRE
bromera

ÍNDEX

Introducció

QUI NO HA SIGUT UN ADOLESCENT IMBÈCIL ALS CATORZE ANYS?

–La vida és un joc, fillet. La vida és un joc que es juga segons les regles.

–Sí senyor. Ja ho sé que ho és. Ja ho sé.

I un colló que és un joc! Quin joc! Si ets a la mateixa banda que tots els guanyadors, després sí que és un joc, i tant, amb això estic d'acord. Però si ets a *l'altra* banda, on no hi ha cap guanyador, després què té de joc? Res. Cap joc.

El vigilant en el camp de sègol
de J. D. Salinger

Els adults acostumen a estigmatitzar de manera negativa i indiscriminada els adolescents i a penjar-los totes les medalles de les conductes *antisocials, distorsionadores, incíviques* o *violentes.* Els mitjans de comunicació solen alimentar també aquests prejudicis sobre el jovent actual. En realitat, tanmateix, la majoria dels joves no deixa de ser una mostra de la societat concreta, de les contradiccions i de les precarietats del cos social de què forma part. Els joves que es troben en el procés de creixement –físic, intel·lectual, emocional– poden veure al seu voltant un món d'adults que té poc crèdit, que és incoherent i pervers, i que no respon als valors que intenta d'inculcar l'escola o l'institut. El decalatge entre el món de fora i el de dins és tan gran que condueix al desconcert insondable, a la perplexitat angoixada de professors i alumnes. Entre aquests dos col·lectius s'obren abismes d'incomunicació i de manca de reciprocitat cada vegada més profunds i insalvables. Costa d'establir-hi ponts de diàleg i d'entesa.

Manuel Molins, un dels dramaturgs més destacats de l'escena catalana contemporània, ha volgut escriure un text que, des de la vivència i sense complexos, tracti dramàticament els dèficits i els problemes que es pateixen en la Secundària. *Monopatins (Skaters)* es fonamenta en una realitat coneguda de prop i intenta de reflectir-ne la complexitat sense «consolacions imaginàries», però amb un punt poeticofantàstic explorat ja en *Una altra Ofèlia* (2005), del mateix Molins. Els alumnes de l'Ensenyament Secundari Obligatori són, de fet, la futura majoria social i encarnen les mutacions que sofreixen les relacions, els valors i els paradigmes socials en l'era de la «modernitat líquida» (Bauman, 2005). Els estudiants de Secundària esdevenen un mirall contradictori de les problemàtiques de la societat coetània i posen en tensió la comunitat educativa que no té altre remei que donar-hi una resposta adequada, sense oblidar que el vessant *afectiu* és fonamental en la pedagogia i l'educació. Al capdavall, en el millor dels paradigmes, educar és aprendre a saber, pensar, sentir i actuar per si mateix i conjuntament amb els altres, i implica el desenvolupament d'actituds i valors per a l'autoconeixement i la comprensió de les raons dels altres.

L'estela de Pigmalió

A *Monopatins (Skaters)*, Manuel Molins opera una doble subversió del tema clàssic de la relació –amarada d'erotisme o, si més no, de seducció– del mestre madur i la jove deixebla que trobem des de *L'escola de les dones*, de Molière, fins a la parella de filòsofs Martin Heidegger i Hannah Arendt, tot passant pel cèlebre duet d'Abelard i Eloïsa (Steiner, 2004: 86-91). O, específicament en el gènere teatral contemporani, en la veta del teatre de Pigmalió que va inaugurar Bernard Shaw (*Pigmalió*) i van actualitzar Willy Russell (*Educating Rita*) i David Mamet (*Oleana*). *Monopatins* s'inscriu en aquest fil temàtic de la relació mestre/deixebla i de la tradició del teatre de Pigmalió, però, com no podia ser d'una altra manera, en capgira la perspectiva i hi aporta una visió més actual, arrelada en l'experiència als instituts, en la realitat que es viu a les aules d'una ciutat com València (encara que també podria ser París, Londres o Nova York).

D'una banda, Molins canvia el gènere de la parella: el vincle s'estableix entre *una* professora de Secundària i *un* alumne adolescent, de manera que es trenca, com diu el dramaturg mateix a l'annex 1, «el poder monopolístic dels homes com a personatges principals [...], tot mostrant una nova manera d'exercir el «poder» acadèmic a través d'una jove professora, Sara, i les noves relacions al si del sistema educatiu sense ambigüitats misògines com en l'obra de Mamet. Un «poder» que ja no es vol omnímode, sinó que es qüestiona a si mateix i tracta de posar-se al servei de la funció per al qual s'ha creat. Amb tots els problemes i equívocs que això pot implicar». I, de l'altra, malgrat que hi hagi una atracció ambigua, no hi ha cap relació eròtica entre tots dos personatges: Sara i David, els dos protagonistes de *Monopatins*, són éssers a la deriva que es troben per necessitat, que s'atreuen irremciablement, perquè tots dos se senten perduts i desemparats en un món hostil.

Monopatins no tracta sobre els desnivells socioeconòmics i expressius vençuts per l'amor (*Pigmalió*), ni sobre les relacions alumna/professor (*Educating Rita*) o la seva perversió (*Oleana*) en el món universitari, sinó que se centra en la realitat quotidiana, en la vida diària, concreta, tangible, de l'ensenyament secundari obligatori actual. És un text pioner –com també ho fou, en el tema de la immigració, la dilogia *Abú Magrib* i *Elisa*– en el tractament dramatúrgic de l'educació en la Secundària d'avui. La perspectiva que s'hi planteja defuig, com ja és habitual en el teatre molinsià (Sansano, 2002), les mistificacions reductores i enfoca la *problemàtica* des de l'ambivalència i la complexitat vitals, que deixen entreveure la dissociació entre l'escola i la vida personal, entre el rol públic i la vida privada dels personatges.

L'ambivalència intenta d'evitar qualsevol temptació maniquea (bons/dolents) i d'oferir la doble cara de Sara i David: tots dos són diferents *a dins* o *a fora* de l'escola. Sara, tan desconcertada com David, pateix en la pròpia pell la desmotivació professional, la manca de reconeixement social de la seva feina, les dificultats de l'ensenyament per a adaptar-se al present i als canvis en els models pedagògics i socioculturals, la consideració dels centres públics com uns abocadors on van a parar totes les responsabilitats educatives i als quals es fan convictes de tots els fracassos de l'ensenyament. Sara viu, a 26 anys, tots aquests problemes de manera palpable dia rere dia: els pares i les mares la culpabilitzen de l'educació pèssima dels fills i renuncien a acomplir la responsabilitat que els pertoca o a actuar conjuntament amb els professors. En la seva privacitat, Sara també es troba amb una doble disjuntiva afectiva que distorsiona la seva dedicació professional: la manca de reciprocitat en una fràgil relació sentimental i la dificultat d'adequar la seva visió del món amb la realitat que l'envolta.

Al seu torn, David no és tan sols un alumne impulsiu i violent, que no mostra gens d'interès per aprendre a les aules, sinó que, com a persona, té un món privat ric, fet de màgia i de *skateboard fever* ('febre del monopatí'), per bé que aquest món està molt allunyat d'allò que li brinda el currículum escolar. A 14 anys, es nega a fer-se gran i expressa la incomprensió envers el planeta dels adults que no comprèn ni el comprèn. La seva franquesa el porta a mostrar el rebuig cap als eufemismes que maquillen la realitat, a adonar-se de les formes de violència institucional de què pot ser objecte o a denunciar la prepotència dels adults, que sempre es pensen que els més joves no els poden entendre. Però la por adolescent el fa actuar a la defensiva, tancant-se en el clos dels amics i negant-se a acceptar la seva conducta agressiva o l'ajuda que li ofereix Sara. La situació que viu a casa seva, amb un pare en crisi que maltracta la mare, el condueix a adoptar actituds violentes amb els companys de classe i a refugiar-se en el món dels *skaters.*

La complexitat de *Monopatins* allunya la proposta d'altres intents tendenciosos de reflectir el món de l'adolescència com ara *Class Enemy* ('*L'enemic de la classe*'), de Nigel Williams, en què una colla d'alumnes de *classe baixa,* abandonats en una aula d'una escola situada en un barri marginal d'una gran ciutat, es dediquen a insultar-se mútuament per saciar la seva conducta (auto)destructiva i a expressar la manera particular d'entendre o d'odiar el món. La peça de Molins amplia l'enfocament i guanya en profunditat (i intimitat): posa el punt de mira sobretot en dos personatges –una professora i un alumne– que es troben a cada costat de la barrera. Ni Sara és una Mary Poppins en l'era del desconcert, ni tampoc David prové d'una situació familiar precària, perquè els pares pertanyen a la *classe mitjana* i són aparentment *respectables.*

Monopatins defuig els simplismes i afronta el tema de l'educació dels joves des d'una visió molt concreta i personal: la relació professora i alumne com a expressió metafòrica de dos col·lectius que, atònits i perplexos, es troben participant en el mateix joc incert i embrollat. Els docents han de fer front al repte d'educar en un món que no té suports sòlids i que anihila el sentiment o la innocència. Els alumnes, per la seva banda, viuen en la pròpia pell la precarietat de les relacions i de les connexions amb els grups de pertinença i identificació (els amics, la família, els veïns) i la manca d'expectatives de futur, un atzucac que sovint els condueix a la desmotivació, la indiferència i, com a reacció, la conflictivitat i l'agressivitat. Els joves, com els adults, se senten cada vegada més sols i, tancats en un onanisme emocional i un individualisme narcisista, tenen dificultats com més va més per a disposar d'un espai afectiu com a refugi i alliberament, i per desenvolupar la personalitat i l'assertivitat dins dels grups d'acollida.

Professora i alumne

Els dos personatges de *Monopatins,* Sara i David, viuen tres de les *estructures de relació* que es poden establir entre un mestre i un deixeble: 1) la destrucció psicològica (o física) de l'alumne pel mestre, 2) la desfeta psicològica (o física) del mestre per l'alumne, i 3) la de l'intercanvi, del diàleg, de la mútua confiança (Steiner, 2004: 11-12). En efecte, Sara ha patit el *model pedagògic* del pare que basava l'educació en l'autoritat unívoca i indiscutible. David ultrapassa els límits de la relació professora/alumne amb l'exercici d'una violència que ha vist també a casa seva, al carrer, entre els companys o en els mitjans audiovisuals. Sara i David, malgrat tot, aconsegueixen d'intercanviar confiança i afecte per osmosi: professora i alumne aprenen recíprocament, perquè, al cap i a la fi, *tots dos* necessiten ajuda. El vincle professora i alumne, amb tots els malentesos i les dificultats que presenta, es converteix en una experiència complexa, matisadament positiva.

Les converses entre Sara i David permeten d'establir un diàleg intens, amistós, molt ric en potencialitat, però en què les relacions de poder el desllueixen una mica. Sara, al despatx, no té la mateixa autoritat que a l'aula, davant de tota la classe, en què les dinàmiques de poder canvien. No exerceix tampoc el poder brut, històric, com ho fa el Professor de *La lliçó*, de Ionesco: la seva relació és dialèctica, és a dir, parla amb David de *tu a tu* en una mena d'intercanvi recíproc i enriquidor en termes afectius i emocionals, sense caure en les trampes de la *professora amiga,* ja que els alumnes necessiten uns *punts de referència,* una *carta de navegar*. Sara és una professora vocacional que té consciència de la responsabilitat que recau sobre seu en un món hostil als *ensenyaments eterns,* a la concepció humanística de l'educació que valora la creativitat i la independència, perquè sap que té a les mans éssers humans en procés de formació, alienats, desorientats i perduts en una realitat agressiva.

El desconcert de Sara és el fet de disposar d'uns models professionals a l'abast que no li serveixen per a acarar els problemes i, en conseqüència, ha de replantejar i adaptar les bases pedagògiques rebudes: s'entesta tant a inculcar un saber, que s'oblida d'oferir allò que sap i, sobretot, allò que sent. Quan David es presenta amb una evidència de l'assetjament que ha exercit contra un alumne de la classe, Sara aplica una recepta immediata, però massa simple per a ser eficaç: no es tracta *només* d'un problema de disciplina. Inquieta com és, Sara procura d'anar més enllà, perquè intueix que l'abast de l'incident és més pregon. La dificultat de Sara és trobar respostes vàlides a les preguntes que, sobre l'ensenyament o sobre l'amor, es formula contínuament i que no troben solucions ràpides, operatives, rendibles. No valen els manuals ni els solucionaris, perquè –per fortuna– la vida és molt més complexa.

La persuasió, que està en la base de l'ensenyament, aspira a crear lligams de comunicació, complicitats humanes de sentiments, passions i frustracions compartides (Steiner, 2004: 33). Quan un professor o una professora vol ensenyar, inevitablement ha de persuadir, ha de seduir els alumnes, però també ha de deixar-se seduir per ells. El moviment és d'anada i tornada, de reciprocitat. Precisament, d'entrada, Sara comet l'error de creure que només ella pot ensenyar, no s'adona que l'educació pot tenir com a objectiu principal «suscitar i reforçar qualsevol impuls creatiu que l'home pugui tenir» (Chomsky, 2005: 90) i, per tant, que David també pot aportar-li coneixements valuosos. A més, inicialment intenta d'obviar que el seu malestar educatiu, la insatisfacció personal i els problemes sentimentals afecten, en part, la capacitat de resposta a la feina i el nivell d'il·lusió i d'esforç que exigeix. Però, alhora, la seva situació personal *en crisi,* en ebullició o canvi, oberta a noves realitats, la predisposa a comprendre millor David i a preocupar-se per conèixer què hi ha darrere de la seva actuació *indisciplinada.*

A diferència del pare, que no pas per casualitat també havia estat professor, Sara ja no viu en el món aparentment sòlid de l'ensenyament d'abans, de la vella escola de l'autoritat indiscutida *a la manera de Pigmalió,* sinó que participa de l'agonia de la postmodernitat –el món de *Blade Runner*– i no sap què fer: dubta i s'angoixa perquè, com altres col·legues seus, es compromet amb el treball, però sense obtenir gaire reciprocitat a canvi. El pare fonamentava l'ensenyament en la informació, l'autoritat, la disciplina, i creia que aquesta era la base de la societat. Sara, contràriament, es troba que els *discursos gastats* ja no són vàlids i que, malgrat tot, encara té confiança en l'amor, en l'impuls del cor. La societat d'abans, la del seu pare, ja no és la d'ara, la de Sara i els professors novells, ni aquesta la de demà, la de David i les generacions joves. No es tracta de negar la disciplina (David mateix assaja cada dia, amb tenacitat, el seu salt amb el monopatí), sinó d'introduir-la en l'ensenyament com un valor renovat i necessari, que s'integri en la vida de l'alumne i en les seves motivacions.

L'evolució de Sara, jove i inexperta com és, parteix d'una rebel·lió interior que la porta a endinsar-se en el coneixement i en l'experiència tant des del punt de vista professional com vital. Des de la primera trobada, en què reacciona de manera tòpica i previsible, Sara s'autoqüestiona el paper de professora i, a través de temptatives d'acostament (s'entrevista amb la mare), va coneixent molt millor els diversos mons de David i, de resultes d'això, va disposant de més elements per a comprendre'n les reaccions i les pors (escena 3). De la relació entre tots dos, Sara descobreix que l'educació és estima i esperança, reciprocitat mancada i inestable, predisposició a donar i rebre, sense que això impliqui menystenir la professionalitat responsable, el reconeixement propi i dels companys, la perfectibilitat de les accions humanes, etcètera. La seva decisió final –romandre al centre– pot llegir-se com una afirmació de la necessitat de continuar al peu del canó.

Amb l'autoestima baixa, David es troba al mig dels conflictes familiars i de la relació deficitària que viuen els pares i que ell mateix hi manté; pot observar de prop la violència que exerceix el pare amb la mare i, per tant, és un candidat ideal per a convertir-se en un *assetjador* que, amb amenaces o violència física, exerceixi *bullying* ('assetjament') contra els companys més febles. David té una personalitat impulsiva, poc procliu a l'empatia afectiva i favorable a la violència que, a casa, ha interioritzat com un model de relació. A l'institut, tendeix a tenir una actitud negativa envers els professors i presenta dèficits d'atenció a classe, com la resta de companys de la colla d'assetjadors que fan bretolades.

No obstant això, David és objecte d'amenaces dels mateixos amics de colla perquè es nega a participar en les agressions i els insults contra els immigrants, els homosexuals o els indigents. Si deixa de prendre-hi part, la colla l'exclou del grup i el margina: el converteix en una víctima més. David respon a la tipologia d'assetjador-assetjat i passa gradualment d'exercir l'abús de poder a patir-lo, ja que, per sensibilitat pròpia o consciència ètica, s'adona que aquestes conductes no estan bé i té necessitat de parlar-ne, de manera confidencial, amb Sara per trobar una sortida a una angoixa personal. De les converses amb la jove professora, en naixerà un enamorament inconscient i confús, característic de l'adolescència, que li permetrà de conèixer una dimensió desconeguda.

Com molts xiquets de la seva edat, David intenta de construir-se un món propi amb la colla d'amics, l'*skateboard* o l'Internet. Li agrada, així mateix, llegir llibres sobre màgia i alquímia per abstraure's d'un món que no comprèn i que voldria canviar. El seu interès per l'alquímia –que té ressons d'*Obra negra*, de Marguerite Yourcenar, i de les ficcions juvenils *El senyor dels Anyells* i *Harry Potter*– és també la concreció d'un ideal impossible: aconseguir l'elixir d'amor, un filtre màgic per a atènyer la felicitat. De tota manera, a banda d'aquest element poeticofantàstic, el seu *hobby* és el monopatí, perquè li permet de *lliscar* en llibertat per la ciutat anònima, de trobar la *vibració emocional* en l'art del pilotatge (Lacroix, 2005: 29) i sentir-se bé amb una gratuïtat i un desig d'aventura que troba també en la lectura de textos alquímics.

Els pensaments de David –que podem descobrir a través dels monòlegs (escenes 2 i 7)– expressen les seves contradiccions, que el fan passar de l'insult directe a un indici de tendresa, de la violència a l'amor. El contrapunt de l'agressivitat verbal de David és el desig constant de superació com a *skater*, la llibertat, la vida i els reptes que troba en la pràctica del monopatí i la recerca apassionada d'«un gran elixir d'amor que ens faça a tots entrar en la raó del veritable amor» (escena 3). David podria ser un net valencià de Holden Caulfield, l'ingenu seductor d'*El vigilant en el camp de sègol,* de J. D. Salinger. Perquè, així com la veu narrativa d'aquesta novel·la posa en qüestió, amb una potent i senzilla lleugeresa, l'*american way of life,* David també s'expressa de manera directa i àcida i posa entre les cordes els estereotips socials del jovent. No és cap jove rebel que s'enfronta al Goliat del capitalisme agressiu i constribueix així a salvar el món (Michéa, 2006). Ni tampoc és cap jove exclòs que reprodueix amb la seva actitud violenta la relegació i l'alienació social (Debarbieux, 2006: 152-153). És simplement un jove que té el coratge d'interrogar-se sobre la seva condició d'adolescent a catorze anys i de reconèixer un incidi de bondat i de generositat en els altres.

L'efecte Pigmalió –el poder inspirador de l'amor– tindria a *Monopatins,* així doncs, una derivació afectiva, mancada de connotacions sexuals (com passa, per exemple, a *La pianista,* de Jelinek), encara que amb uns impulsos latents cap a l'amor, cap a la confiança, cap a la seducció i cap a la traïció, aspectes que integren el procés d'ensenyament i aprenentatge (Steiner, 2004: 128). La relació entre profesor/alumne, com a puntal de qualsevol acció pedagògica o educativa, hauria de permetre no solament de transmetre coneixements, sinó també d'establir connexions afectives, de confiança mútua, que possibilitin de projectar-los en un bagatge humanístic i cívic, útil per a conèixer-se un mateix i comprendre críticament el món que ens envolta.

Els escenaris de la violència

Qui és, tot amb tot, el responsable de la conducta violenta de David? Els professors? Els pares? Els amics? La societat sencera? El sistema ultraliberal? No té David coartades per a *justificar* la seva actuació? No ha interioritzat conductes agressives, impunes, en l'ambient familiar o en la colla d'amics com per exterioritzar la seva còlera agressiva? Cal anar a cercar, comptat i debatut, culpables i innocents? Si defugim simplismes monocausals, podem trobar una explicació sobre el perquè de la violència en una coincidència de variables que afecten l'esfera educativa, però també la familiar o la de les relacions amicals o socials.

David ha estat testimoni de l'agressió que el pare infringeix a la mare, s'ha vist exposat a la *violència domèstica* i, per tant, té molts punts per a presentar, com diuen els entesos, una conducta agressiva i antisocial, per a patir d'ansietat, depressió o símptomes traumàtics i per a disposar d'una competència social menor. Més subliminarment, tanmateix, també ha estat objecte de dues altres menes de violència institucionalitzada: 1) la de l'autoritat indiscriminada i epidèrmica, regulada per règims disciplinaris que de vegades apliquen normatives sense tenir en compte els matisos personals i que poden tenir efectes contraproduents, i 2) la de la colla d'amics, que exclou i margina del grup, com hem comentat, tot aquell que expressi una dissidència. En totes aquestes formes de violència, que tenen una dimensió social, hi entren en joc altres agents implicats en l'àmbit educatiu i *referits* a l'obra: els amics, els pares, la resta d'alumnes i professors.

David reacciona de manera agressiva contra Sara perquè la pren com a boc expiatori per a vèncer la vergonya, la culpa que sent per l'experiència que ha viscut amb el grup d'amics, però també per una raó més profunda: la manca d'harmonia familiar i els conflictes entre els pares que ha patit de prop. David troba un ambient hostil a casa i se sent culpable de la situació que s'hi viu, per això no sap què fer i opta per fugir. Amb aquests models convivencials com a referent, el comportament violent exterioritza també les dificultats que té per a comunicar-se afectivament amb Sara i, en sentir-se incomprès, opta per actuar de manera agressiva perquè és l'únic llenguatge –el de la força– que ha après de l'entorn.

Així i tot, l'acció de *Monopatins* té lloc sobretot a l'institut, però no a les aules com passa amb *L'enemic de la classe*, de Williams, sinó al despatx de Sara (escenes 1, 3, 5 i 9), que, com a tutora de curs, rep visites, truca als irascibles pares i mares dels alumnes o atén els estudiants amb *problemes*. En aquest espai, tant Sara com David troben dificultats per a comunicar-se perquè els papers estan massa marcats: Sara és la professora, la tutora, mentre que David és l'alumne, i entre tots dos hi ha una barrera definida per la convenció social i l'autoritat institucional. Les aules de l'institut són un àmbit de socialització que, com tota institució acadèmica, es fonamenta en la jerarquia i l'autoritat. Difícilment és un lloc on els alumnes poden aprendre a dialogar i a socialitzar-se amb els companys, i on s'aculli i s'ofereixi afecte com a base de l'educació, ja que, en el fons, com acaba descobrint Sara, «educar és, sobretot, un gran acte d'estimació i d'esperança» (Benejam, 2005: 117).

La trobada al parc (escenes 7 i 8), un espai obert en què tots dos estan desproveïts dels rols que assumeixen a l'institut, un clos tancat al món exterior, permet de confessar-se els sentiments: les pors de Sara respecte a la professió o la vida afectiva i les contradiccions de David, el qual, malgrat la cuirassa que duu, voldria ser un alquimista autèntic que descobrís la fórmula de la felicitat, la suma de pau i justícia. Al final (escena 9), Sara també descobreix que no es poden aplicar mesures rígides i uniformes per a tothom i que l'educació, com l'amor, és un risc que cal afrontar, mentre que David acaba reconeixent la confiança i l'ajut de Sara. El guany ha estat recíproc i l'experiència, amb el sobrepreu del dolor, enriquidora: ha permès de convertir l'institut en un espai urbà on els professors i els alumnes poden continuar creixent «dedicats a una autèntica existència social» (Sennett, 2001: 189).

El sobrepreu del dolor és el fet de patir una dinàmica de violència que és també un reflex de la societat en què es produeix. Ara bé, *Monopatins* es fa ressò d'aquest tema amb la prevenció de considerar la violència escolar –un dels reptes socioeducatius més difícils d'abordar– sense reduccionismes. No es pot ni exagerar de manera sensacionalista (per raons polítiques, mediàtiques o d'una altra mena), ni subestimar o negar angèlicament la problemàtica generada al voltant de la violència (Debardieux, 2006). Ni tampoc serveix de res adoptar solucions mecàniques perillosíssimes com ara el sistema informàtic, anomenat Mosaic-2000, pensat per a identificar els nois i les noies –el mateix David– que presenten un risc de cometre actes violents. Ni té cap sentit aplicar polítiques repressives o autoritàries, ni criminalitzar impunement la pobresa per exagerar-ne la magnitud i emmascarar així les realitats socials que són a l'origen de la violència.

La violència escolar, com fa palès *Monopatins,* pot ser també, a més de física, de caràcter *moral* i depèn de factors contextuals, sociopolítics o pedagògics, moltes vegades derivats d'*exclusions* o de *violències simbòliques* prèvies que han patit els qui l'exerceixen. La violència esdevé, doncs, un fenomen molt complex que és degut, naturalment, a una causalitat complexa. Entre els factors de risc, que sovint actuen de manera interrelacionada o acumulativa com també trobem a *Monopatins,* hi ha l'exposició a la violència, l'autoritarisme o la repressió en els àmbits familiars o de l'entorn social més immediat; el fracàs escolar, l'absentisme, la interrupció o el lligam feble amb el centre d'estudis; la implicació iniciàtica en bandes de petits delinqüents, entre molts d'altres (Debardieux, 2006: 156-164). A aquests factors, cal afegir-hi l'espai social en què té lloc la violència: el context del centre docent, el medi sociocultural, les polítiques educatives, etcètera.

Ben mirat, a *Monopatins* hi ha també dos escenaris invisibles més en què la violència pot exercir-se de manera directa o indirecta, més descarada o més subliminar. Un de corpori, la casa de Sara (escena 6) i la de David (escena 2 i 4), l'espai privat en què els personatges expressen, en un flux de consciència, els pensaments més íntims i en què es fan evidents el discurs (en el cas de Sara) o l'acció (en el de David) de la violència paterna. I un altre d'incorpori, l'espai fràgil de les relacions afectives que abraça totes les escenes i que completa i redimensiona el vincle entre els dos personatges. Els tres espais esmentats, el de l'institut, el de la privacitat i el dels afectes, es veuen immersos en les mutacions i la liquació dels valors de l'estudi, la cultura de l'esforç o l'amor sòlid que havien caracteritzat la modernitat perduda. Tots tres espais poden ser escenaris de la violència o poden rebre'n les conseqüències: en tot cas, no n'estan al marge.

El valor de la innocència

Monopatins (Skaters) s'inspira en casos reals de l'ambient que es viu en els instituts i parteix d'un coneixement de primera mà, contrastat amb les aportacions d'alumnes i les opinions de professors de secundària. L'afició als monopatins que té David ha estat també documentada detalladament a través d'explicacions de joves que practiquen aquest esport urbà i de la consulta de material gràfic sobre aquest tema. La intenció de Molins és mostrar, de manera concreta i eficaç, a través d'una relació professora i alumne les problemàtiques que es viuen en l'ensenyament secundari, més enllà de manipulacions, de demagògies, de simplificacions o de negacions que se n'ha fet o més enllà de la inòpia d'alguns responsables polítics o educatius que, escudant-se interessadament en lleis de paper, miren així de refusar la necessitat d'actuar.

Al final, sense consolació, però amb esperança, *Monopatins* trenca una llança crítica en pro del valor de la innocència. David expressa la seva gratitud pel fet que Sara confiés en ell i –com Holden Caulfield d'*El vigilant en el camp de sègol* a l'extraordinari final melancònic del relat– acaba reconeixent que havia estat «un adolescent imbècil absolutament torbat per tot el que em passava dins el cor i el que veia succeir al meu voltant» (escena 9). En canvi, Sara pertany a aquells personatges que, com el príncep Mychkine de *L'idiota,* de Fiódor Dostoievski o l'Abú d'*Abú Magrib,* del mateix Molins, no poden odiar ningú, malgrat tot el que han sofert. La vivència compartida de Sara i David ha posat a prova el sismograma de la seva innocència i de la seva capacitat d'empatia i de permeabilitat.

Monopatins concentra el conflicte en un *tu a tu* d'una teatralitat rotunda i, amb una mirada escrutadora de la complexitat, reflecteix un món educatiu, familiar i sentimental en estat permanent de liquació, de pèrdua de solideses, de degradació afectiva, de liquidació de referents, de valors i de somnis. Un món, el nostre, en què els vincles socials es disgreguen i en què les antigues solidaritats es descomponen. Un món, el d'avui, en què els éssers racionals que l'habiten es pleguen al culte trepidant a l'individualisme sense l'altre i a les emocions sense sentiments (Lacroix, 2005). Un món, sigui com vulgui, en què tothom necessita tothom, en què el sentit crític i humanístic resisteix i en què encara val la pena de lluitar per fer-lo perdurable.

FRANCESC FOGUET I BOREU
Vilanova i la Geltrú, primavera de 2006

BIBLIOGRAFIA CITADA

BAUMAN, ZYGMUNT (2005). *Amor líquido. Acerca de la fragilidad de los vínculos humanos.* Traducció de Mirta Rosenberg i Jorge Arrambide. Mèxic: Fondo de Cultura Económica. Sociología.

BENEJAM, PILAR (2005). «Una reflexió sobre educació i algunes experiències». Dins: *Mirades al segle* XXI. Vic: Eumo / Universitat de Vic. Documents, 34.

CHOMSKY, NOAM (2005). *L'educació. La millor eina per formar persones lliures i amb criteri.* Editat per C. P. Otero. Traducció de Joan Solé. Barcelona: Columna. Idees, 19.

DEBARBIEUX, ÉRIC (2006). *Violence à l'école: un défi mondial?* París: Armand Colin. Sociétales.

LACROIX, MICHEL (2005). *El culte a l'emoció. Atrapats en un món d'emocions sense sentiments.* Pròleg de Salvador Cardús. Traducció de Ramon Folch i Camarasa. Barcelona: Edicions La Campana. Obertures, 17.

MICHÉA, JEAN-CLAUDE (2006). *L'enseignement de l'ignorance et ses conditions modernes.* París: Flammarion. Climats.

SALINGER, J. D. (1990). *El vigilant en el camp de sègol.* Traducció d'Ernest Riera i Josep M. Fonalleras. Barcelona: Empúries. Narrativa.

SANSANO, BIEL (2002). «Introducció». Dins: *Abú Magrib*, de Manuel Molins. Alzira: Bromera. Bromera Teatre, 27. Pàg. 7-44.

SENNETT, RICHARD (2001). *Vida urbana e identidad personal. Los usos del orden*. Traducció de Josep Rovira. Barcelona: Península. Ediciones de Bolsillo, 67.

STEINER, G. (2004). *Lecciones de los maestros*. Traducció de María Condor. Madrid: Siruela. Biblioteca de Ensayo, 36.

Monopatins

Manuel Molins

A Marita Fillol i Pilar Moreno

Els agressors també necessiten ajuda.

C. Blaya
Seminari Internacional
Violència i Escola. València, 6.10.05

PERSONATGES

SARA	una jove professora de secundària
DAVID	un alumne adolescent

ESPAIS

ESCENES 1, 3, 5 i 9. Un despatx amb telèfon, ordinador, etc., on SARA rep visites, fa trucades i altres tasques pròpies de la seua condició de tutora d'un curs.

ESCENA 2. Casa de DAVID.

ESCENA 4. Espais simultanis.

ESCENA 6. Casa de SARA.

ESCENES 7 i 8. Un parc.

TEMPS

Època actual.

1
SARA I DAVID

(El despatx des d'on Sara *fa algunes de les seues tasques i obligacions de tutoria. Mentre ella parla per telèfon amb una mare, entra* David. *És un adolescent que vist a la manera característica dels joves de la seua edat i condició social. Ell l'observa en silenci.)*

Sara. *(Parlant pel telèfon.)*... És vosté?... Sí, la mare de Laura Poch... És vosté?... Jo soc la professora Sara, tutora de Laura... Voldria... Voldria parlar personalment amb vosté... No; seria millor que concertàrem una entrevista i parlàrem amb tranquil·litat... No; no és greu... Bé, sí; això és un criteri relatiu... Darrerament, Laura es comporta d'una manera estranya... Què vull dir?... Que no es comporta com era habitual en ella... Sí, és clar; tots canviem... Però el seu rendiment ha baixat en picat i... Nosaltres?... Perdone, nosaltres fem tot el que podem... Per això li telefone, per informar-la i perquè acordem criteris d'actuació conjunta... A tots ens importa l'educació i la bona marxa dels alumnes... Si no fora per això, no li telefonaria... Ja li he dit... En efecte, és una part de la meues obligacions; però també de les seues...

Perdone, el meu jornal no és tan gran per a haver de suportar certes impertinències... Què vull dir?... Mire, li telefone per concertar una entrevista i que parlem de la situació actual de la seua filla, però si vosté no vol... On?... No; la meua obligació no està fora del centre escolar... Bé, esperaré la seua telefonada; però no la retarde... Com més ho ajornem, pitjor... Sí, ja li he dit que el seu rendiment ha baixat molt... Ho suspén tot i falta a classe... Li vaig enviar la notificació de faltes... La seua filla és seua i vosté en té la màxima responsabilitat... Perdone, tinc molta feina... Només espere que em telefone i concertem l'entrevista el més prompte possible... Que tinga un bon dia... Així ho espere... Sí, Sara, la seua tutora...

(Penja l'aparell i es queda pensant desconcertada. La discussió telefònica, l'ha posada una mica nerviosa i no li ha permés adonar-se de l'entrada de DAVID*. De sobte, el veu i se sobresalta.)*

SARA. Què? Com has entrat?

DAVID. Per la porta.

SARA. Per què no has trucat abans d'entrar?

DAVID. Ho he fet, però com estaves discutint amb una mare...

SARA. Jo no he discutit amb ningú.

DAVID. No?

SARA. No.

DAVID. Era la mare de Laura.

SARA. Però no discutíem.

DAVID. Ah, no?

SARA. Només parlàvem.

DAVID. Ah, sí; ara discutir es diu parlar.

SARA. Què vols dir?

DAVID. Res.

SARA. Per què ho has dit, això?

DAVID. Per res.

SARA. Per què no has esperat fora? *(Silenci. Canvi.)* Està bé; què hi ha? *(Silenci.)* Vols alguna cosa? *(Silenci.)* Què et passa? Si no parles no podrem ni parlar ni discutir. *(Pausa.)* Per què has vingut?

DAVID. Perquè m'han dit que vinguera.

SARA. Qui?

DAVID. La professora...

SARA. Què li passa? Quina professora?

DAVID. M'ha dit que vinga a vore't.

SARA. A mi?

DAVID. Sí.

SARA. Per què?

DAVID. No ho sé.

SARA. No ho saps?

DAVID. No.

SARA. Has fet alguna cosa?

DAVID. No.

SARA. No has fet res?

DAVID. No.

SARA. I per què t'envia a mi? Ah, sí, perdona; no ho saps. Seu. Vols seure?

DAVID. No.

SARA. I per què t'envia a mi i no al cap d'estudis?

DAVID. No ho sé.

SARA. Si has tingut un problema de disciplina, hauries de presentar-te al cap d'estudis.

DAVID. Jo no he tingut cap problema.

SARA. I ella?

DAVID. Pregunta-li-ho.

SARA. Bé, doncs, així ho faré.

DAVID. Me'n puc anar?

SARA. Què?

DAVID. Que si me'n puc anar ja?

SARA. Anar-te'n? Ah, sí, és clar; te'n pots anar. Bé, no; no te'n pots anar.

DAVID. Sí o no?

SARA. No; encara no.

DAVID. Per què no?

SARA. Perquè no entenc res.

DAVID. Ni jo tampoc.

SARA. Has fet alguna cosa...

DAVID. Jo no he fet res.

SARA. ...i la professora et diu que vingues a mi...

DAVID. ...això és...

SARA. ...en lloc d'enviar-te al cap d'estudis.

DAVID. Sí.

SARA. Hauré de saber què has fet si vols que t'ajude.

DAVID. Ajudar-me?

SARA. Ajudar-te. Soc la teua tutora, però no podré ajudar-te si no em dius què ha passat.

DAVID. Jo no necessite ajuda.
SARA. Què?
DAVID. Que no necessite l'ajuda de ningú.
SARA. Ah, no?
DAVID. Tot això és un mal rotllo.
SARA. Quin mal rotllo?
DAVID. Ja t'he dit que no ha passat res. Només...
SARA. Si?
DAVID. Només dibuixava.
SARA. Dibuixaves? I per dibuixar?... *(Consulta un horari.)* Ara no tens classe de dibuix, sinó de socials. Què hi feies dibuixant? *(Silenci.)* Què dibuixaves? *(Fent-se la ingènua.)* Un mapa? Dibuixaves un mapa?

(Una altra pausa. DAVID, a la fi, li lliura un paper que es trau d'una butxaca.)

SARA. Què és, això?
DAVID. El dibuix.
SARA. *(Desplega el paper i l'observa.)* Això és un dibuix?
DAVID. Una broma.
SARA. Una broma?
DAVID. No és res més que una broma.
SARA. I què significa?
DAVID. No té cap significat.
SARA. No?
DAVID. És una broma.
SARA. Quina broma?
DAVID. Una broma no és més que una broma.

Sara. Hi ha moltes classes de bromes. Què vol dir?

David. Que no ho veus? Un monopatí; no és més que un monopatí.

Sara. I això? *(Silenci.)* Un monopatí que esclata sobre... Sembla un míssil contra una ciutat...

David. *(No pot contenir el riure.)* Contra una ciutat?

Sara. No és això?

David. Ni és un míssil ni una ciutat.

Sara. *(Llegint.)* «Et clavaré el monopatí pel cul»... Ah, ja ho entenc. *(David riu.)* O siga que el dibuix és un monopatí contra el cul d'algú... *(Continua llegint.)* «Sabem on vius i podem dir-li a ta mare que ets un *marica*. Ves amb compte»... Ja ho entenc.

David. No és tan difícil.

Sara. Ara entenc per què la professora t'ha enviat a mi i no al cap d'estudis.

David. Ah, sí?

Sara. Això no és només un problema de disciplina.

David. És una broma; no és res més que una broma i vosaltres ho compliqueu tot.

Sara. És una amenaça.

David. Una amenaça?

Sara. Amenaces un company d'agredir-lo amb el monopatí i... Per què?

David. Per què?

Sara. Sí; per què?

David. Per res.

Sara. La violència i la coacció no s'han de tolerar mai. Ni en broma.

DAVID. Això no és violència ni coacció.

SARA. I què és?

DAVID. Una broma, ja t'ho he dit; res més que una broma.

SARA. Hauré de parlar amb els teus pares.

DAVID. Parla amb qui vulgues.

SARA. Tens un monopatí?

DAVID. Sí. Ens reunim un grup d'amics per recórrer la ciutat. Fem carreres i competicions de salts, figures i piruetes. Som els millors *skaters* de tots.

SARA. Els explicaré l'assumpte.

DAVID. Explica el que vulgues; però no em faran res.

SARA. No?

DAVID. Els meus pares no em faran res perquè jo no he fet res.

SARA. Una doble amenaça...

DAVID. ...doble amenaça?...

SARA. ...i coacció.

DAVID. Coacció, també?

SARA. Amenaces un company d'agredir-lo i de dir-li a sa mare que...

DAVID. Què?

SARA. Una mentida.

DAVID. Mentida?

SARA. Això és indigne.

DAVID. Estàs exagerant; vosaltres sempre ho exagereu tot.

SARA. Per què li has passat aquesta nota?

DAVID. Per coses.

SARA. Quines coses?

DAVID. Coses nostres.

SARA. Qui és el company? *(Silenci.)* Contra qui anava?
DAVID. Contra un idiota.
SARA. *(Consultant un quadern de notes.)* Darrerament...
DAVID. Talla el rotllo.
SARA. Què?
DAVID. Que ja n'hi ha prou, de rotllo.
SARA. Quin rotllo?
DAVID. Ara em diràs que he baixat el meu rendiment i que ja no em comporte bé a classe i que n'he suspés sis...
SARA. Sí; això mateix.
DAVID. Ja ho sé.
SARA. Ja ho saps?
DAVID. Tot això ja ho sé.
SARA. I què?
DAVID. Res.
SARA. I els teus pares?
DAVID. Saben les que suspenc.
SARA. I la resta?
DAVID. Què més han de saber?
SARA. El teu comportament.
DAVID. Jo no faig res a classe ni em pegue amb ningú al pati.
SARA. Què vols dir?
DAVID. Que la meua vida privada és meua i a ningú no li importa.
SARA. A ells els importa.
DAVID. A qui?
SARA. Als teu pares.
DAVID. Ells també tenen els seus problemes.

SARA. Quins problemes?

DAVID. No ho sé; els seus problemes.

SARA. I a mi; a mi també m'importa. Soc la teua tutora i tinc la responsabilitat de saber què passa, per què has canviat d'actitud, per què fas aquesta classe de *bromes*...

DAVID. No està prohibit fer bromes.

SARA. Això no és una broma normal.

DAVID. Que tu no has fet mai cap broma?

SARA. No; mai.

DAVID. Mentida.

SARA. Mentida?

DAVID. No m'ho crec.

SARA. Mai no he fet una broma d'aquesta classe.

DAVID. Però n'hauràs fet d'una altra.

SARA. Mai no he amenaçat ningú.

DAVID. Perquè ets una dona.

SARA. Què vols dir?

DAVID. Que les dones ho feu tot d'una altra manera. Fins i tot les amenaces.

SARA. Odie la violència.

DAVID. Hi ha moltes classes de violència.

SARA. Quines?

DAVID. Per exemple, aquesta.

SARA. Aquesta?

DAVID. Sí; tirar-me de classe i fer-me aquest interrogatori per una broma de no res és també una forma de violència.

SARA. Et creus molt llest, no?

DAVID. Sé defendre'm.

Sara. Això és el que tu et creus. Però ací no cal defensar-te de res ni de ningú. Jo no t'ataque, la professora de socials no t'ataca; només volem ajudar-te...

David. Puc anar-me'n?

Sara. ...ajudar-te i mantindre l'ordre, la disciplina, el respecte i la bona convivència.

David. Puc anar-me'n ja?

(Pausa.)

Sara. Què vols fer en la vida?

David. Què?

Sara. Què vols ser?

David. De què?

Sara. D'ací a uns anys? Què vols estudiar? A què et vols dedicar?

David. No ho sé.

Sara. No hi ha res que t'agradaria ser quan sigues adult?

David. No vull ser adult.

Sara. Vols tindre sempre catorze anys?

David. No; però no vull ser adult.

Sara. Per què no?

David. Perquè no m'agraden els adults. No els entenc i ells a mi tampoc.

Sara. I com pots arribar a entendre'ls? No t'ho has preguntat mai?

David. No.

Sara. I com podem nosaltres entendre't a tu? Tampoc no t'interessa?

DAVID. No.

SARA. Cal fer esforços. Si volem entendre'ns, cal esforçar-se.

DAVID. Jo m'entenc amb els amics sense fer esforços.

SARA. Però hi ha molta més gent al món que els teus amics.

DAVID. Ja ho sé.

SARA. I què?

DAVID. Què?

SARA. No creus que paga la pena conéixer més gent que els teus amics?

DAVID. No ho sé... Després.

SARA. Després? Després, de què?

DAVID. De moment, no crec que pague la pena; després, no ho sé. Ja vorem.

SARA. Què vols dir?

DAVID. Preguntes massa.

SARA. Què?

DAVID. Fas massa preguntes.

SARA. I no t'agrada?

DAVID. No.

SARA. És la meua obligació.

DAVID. Me'n puc anar?

SARA. *(Ompli una nota i li la dona.)* Digues als teus pares que vinguen a veure'm. Cal que en parlem.

DAVID. Per què no els telefones tu?

SARA. Ho faré; però tu dona'ls aquesta nota.

DAVID. Què és?

SARA. Una citació. Els hi pregue que es posen en contacte amb mi.

DAVID. Res més?

SARA. De moment, res més. I ara, ja te'n pots anar.

DAVID. Discutiràs també amb els meus pares?

SARA. Jo no he discutit amb ningú.

DAVID. El dibuix...

SARA. Quin dibuix?

DAVID. Torna'm el meu dibuix.

SARA. No; l'he de mostrar als teus pares.

DAVID. Ells saben que puc dibuixar millor.

SARA. Què?

DAVID. Que aquest dibuix és una merda; puc fer-ho molt millor.

SARA. Sí, és clar; i així ho espere. Aquest no és cap obra d'art precisament.

(DAVID ix amb un somriure entre inquiet i cínic. SARA agafa el seu mòbil i hi marca un número privat. Espera.)

SARA. Què et passa? Per què no agafes el telèfon? Què hi ha? Necessite veure't i parlar amb tu. No entenc aquest silenci ni... Telefona'm.

2
DAVID

(David monologa mentre realitza diverses figures i salts amb el monopatí sobre una plataforma parabòlica (half-pipe), *intentant cada vegada passes més arriscades.)*

DAVID. Porca! Porca! És una porca i una puta com totes! No te'n pots refiar de cap. Jo em pensava que ella era diferent, però no; tenen raó... Sí, tota la raó... La tutora és una tia com totes; una altra profe mamona i prou... Somriu i sembla bona, però no és més que una altra filla de puta. Com la de socials, que em va muntar el numeret del dibuix. Porques... *(Imitant la Sara.)* «Què vols fer en la vida quan sigues adult?»... Anar-me'n de casa; fotre el camp de tot i de tots, això és el que vull... No vull ser un vell com ells... Amargats, ressentits... No són més que uns desgraciats que es creuen amb dret a tot perquè són pares o mestres o professors... *(Alabant un dels seus salts.)* De puta mare! Ara sí que l'he fet bé... Es moriran d'enveja quan em vegen fer-lo tan bé... *(Repeteix el salt.)* Això és! Perfecte! Ara he d'intentar el meu... He d'assajar el meu salt.... la meua marca personal... el *remolí* de David... Tots han de voler-lo fer i imitar-me... Serà collonut quan vaja i els diga, mireu: *The David twister... (Intenta el seu salt: agafa impuls i es llança sobre la plataforma; surt disparat en l'aire, fa un tirabuixó amb tot el cos i perd l'equilibri en caure sobre el terra.)* No; encara no... encara no està bé... ha d'estar perfecte... sense cap error... el pitjor és la caiguda... no la controle bé i el cos se me'n va en aterrar... i a l'aire... a l'aire el cos també se'm desplaça massa endavant, no hi ha equilibri ni harmonia... Una altra vegada... sí; una més... *(Ho intenta de nou i li surt pitjor.)* Quina merda! Això és una cagada!... Estic massa nerviós... No em concentre... I com m'he de concentrar si... Putes! Putes! Totes són unes putes!... No m'interessa ser adult, ni advocat, ni metge, ni res de res... Merda! Tot això no és res més que una merda... Vull ser campió... Seré campió, guanyaré pasta i seré famós... Més famós i més conegut que elles... A la tutora no la coneix ningú... Ni sa mare... De què li ha valgut estudiar i fer-se professora?... No, això no val de res... Discutir amb els pares, discutir amb els alumnes... sempre discutint... No m'interessa el rotllo... En canvi, el monopatí... això és diferent... llibertat, córrer, volar... Això és vida... això sí que és vida... *(Intenta el seu David Twister per tercera vegada.)* Millor! Molt millor! Ara ha estat molt millor... Però no perfecte... encara no està perfecte... Continuaré practicant i quan els el mostre... Hòstia, diran; com t'ho fas, tio? Clar que, d'entrada, alguns pensaran que això és fàcil. Fàcil?... Tirabuixó en l'aire, impuls i caiguda perfectes... No ho podran superar... No; no ho superaran... I la tutora... Què en diria la puta de la tutora, del meu salt?... «Què vols fer en la vida quan sigues adult?»... Jo no vull ser adult; no seré mai adult... Que els donen pel cul... A tots... sí, a tots... *(Fent botifarra.)* Que us donen pel cul...

3
SARA I DAVID

(Ha passat un temps. SARA parla amb DAVID després d'haver-se entrevistat amb la seua mare. Aquesta vegada, però, DAVID porta el monopatí.)

SARA. No ho sabia.

DAVID. Què?

SARA. Diuen que, en efecte, ets un gran *skater.* *(Pausa.)* No sabia que fores tan bo amb el monopatí.

DAVID. Ja t'ho havia dit, però tu no t'ho creies. I encara hi ha més coses de mi que no saps.

SARA. És normal.

DAVID. Normal?

SARA. I tant; nosaltres ens coneixem com a professora i alumne. Res més. Però tots tenim una vida pròpia fora de les classes. Per això és normal que jo no sàpia moltes coses teues.

DAVID. Ni jo teues.

SARA. Exacte. Però la teua mare...

DAVID. Ma mare xarra massa.

SARA. Massa?

DAVID. Segur que t'ha contat...

SARA. M'ha dit que ets molt bo amb el monopatí. Que t'entrenes cada dia i que assages uns salts molt difícils i espectaculars.

DAVID. I l'elixir?

SARA. Quin elixir?

DAVID. No te n'ha parlat, de l'elixir?

SARA. No.

DAVID. No m'ho crec.

SARA. Per què no?

DAVID. Sempre ho conta, això de l'elixir.

SARA. I què és?

DAVID. Què?

SARA. L'elixir.

DAVID. No saps què és un elixir d'amor?

SARA. Sí, jo sí; però no sé què hi té a veure amb tu.

DAVID. I què és?

SARA. Què?

DAVID. Un elixir d'amor. Saps què és?

SARA. Un elixir és un licor, una mena de medicina o remei, que s'obtenia de diverses plantes per curar moltes malalties. I un elixir d'amor cura les malalties del cor.

DAVID. O siga, que, segons tu, és com una pastilla contra l'infart.

SARA. *(Rient.)* No, de cap manera; un elixir d'amor no cura aquesta classe de malalties. Sinó els problemes de l'amor i el desamor. N'hi ha moltes històries que tracten d'això.

DAVID. Per exemple.

SARA. Hi ha una òpera fins i tot.

DAVID. La conec.

SARA. Coneixes aquesta òpera?

DAVID. *L'elixir d'amor* és l'òpera preferida de la meua mare.

SARA. I a tu t'agrada?

DAVID. Ara ja no tant, però abans... Ps... No està malament.

SARA. Doncs, en aquesta òpera tens una història sobre les virtuts i propietats de l'elixir d'amor. Nemorino estima Adina, però ella dissimula i li fa creure que prefereix el militar Belcore. Apareix el metge Dulcamara venent un filtre contra el desamor. Nemorino el compra i a la fi tot es resol: Nemorino i Adina es casen i són feliços gràcies a l'elixir d'amor.

DAVID. El filtre del metge Dulcamara és fals; una estafa.

SARA. Però Nemorino i Adina no ho saben i els efectes són els mateixos. L'amor pot fer miracles.

DAVID. Jo busque un elixir de veritat.

SARA. De veritat?

DAVID. Un elixir autèntic que resolga els problemes de l'amor entre les persones.

SARA. És sorprenent.

DAVID. Què?

SARA. Que això et preocupe.

DAVID. Per què? Perquè soc massa jove o perquè soc massa bèstia?

SARA. No, no; però... no ho sé... no m'ho imaginava.

DAVID. M'agraden molt les històries de màgia i de mags. I l'elixir d'amor és un filtre màgic perquè la gent trobe la felicitat i visca millor. Hi ha filtres fets amb les herbes més secretes del bosc, fruits i arrels que només els alquimistes o els donyets coneixen. En aquests filtres es guarda l'esperit i la mateixa essència del paisatge, el cor de la natura i de l'amor. Per això, tenen tan bons efectes sobre les persones.

SARA. I no hi ha filtres per a estudiar?

DAVID. No m'interessen. Ara estic provant una recepta amb alfàbegues. Les alfàbegues fan molt bona olor i les seues flors blanques o rosades m'agraden molt. També hi ha l'elixir de l'amistat o el de llarga vida. N'hi ha de moltes classes. Un dia te'n faré un.

SARA. A mi?

DAVID. No t'ho creus?

SARA. Sí, sí; és clar que sí. A mi també m'agraden molt les històries màgiques.

DAVID. Però no ho has de dir a ningú. Els meus amics creuen que tot això són rotllos passats de moda. Ells només pensen en el monopatí i...

SARA. I?

DAVID. Res més. El monopatí i prou.

SARA. Podríeu crear una societat d'alquimistes moderns.

DAVID. Alquimistes moderns?

SARA. Per què no?

DAVID. Tu t'hi apuntaries?

SARA. Jo no sé química.

DAVID. Però en pots aprendre.

SARA. Sí, és clar; m'ho pensaré.

DAVID. Podríem fer un filtre contra els pares que et maltracten per telèfon.

SARA. A mi no em maltracta ningú.

DAVID. No?

SARA. No; són discussions normals. Els pares, de vegades, no coneixen els fills. Els estimen, però no els coneixen. Confien en ells i els ho disculpen tot, però... En fi, el que ens cal és un filtre perquè l'amor no ens faça perdre la raó.

DAVID. Per què no? Sempre parleu de la raó, la raó, jo tinc raó, tu tens raó... Tots voleu tindre raó i al final...

SARA. Què?

DAVID. El que ens cal és un gran elixir d'amor que ens faça a tots entrar en la raó del veritable amor.

SARA. Sembles un bruixot.

DAVID. Ho semble? Només ho semble?

SARA. Sí.

DAVID. T'equivoques; sempre t'equivoques amb mi. No ho semble: ho soc. Soc un autèntic bruixot.

4
SARA I DAVID

(Aquesta escena transcorre en paral·lel. En una banda, SARA parla per telèfon des del despatx. En una altra, DAVID, des de casa, intenta parlar amb ella, però sempre comunica i es desespera.)

SARA. ...Laura Poch?... La seua tutora, la professora Sara... Vosté és el pare?... Laura no ha vingut a classe... No? I a casa tampoc?... Doncs, no; a classe encara no ha acudit... Com?... Potser vindrà més tard, però ja ha perdut més d'una hora... Sí; diverses vegades... Els he telefonat diverses vegades per concertar una cita, però... Ho supose... Tots estem molt enfeinats...

DAVID. *(Penja el telèfon.)* Quina merda! Sempre està comunicant.

SARA. *(Continua la conversa.)*... Ho entenc... Sí, ho comprenc; però... Hi ha coses més importants que d'altres... No, no, en absolut; no pretenc donar-li cap lliçó de com educar la seua filla... Sí, és clar; ho supose... Supose que confia en ella... És normal... sempre cal confiar, però... No, no; només vull que en parlem... Ja els he repetit en diferents ocasions que Laura falta molt a classe darrerament i que suspén... Sí, suspén...

DAVID. *(Marcant una altra vegada el telèfon de* SARA.*)* Comunica; sempre comunica... Però amb qui parles? Per què xarres tant? Totes les dones són iguals, xarren i xarren i xarren...

SARA. *(Igual.)*... Està bé, d'acord; vosté mateix... No els telefonaré més... Entesos... És la seua filla i vostés saben el que volen i el que es fan... Comunicaré les faltes a la direcció i que ells... No, no; no estic ofesa... Però no vull ni puc carregar amb una responsabilitat que no em pertoca... El comprenc; però supose que vosté també em comprén a mi... És el millor per a tots dos... Ja vindran quan voldran... o quan podran... D'acord... Que passe un bon dia...

*(*SARA *penja el telèfon i sense solució de continuïtat marca un altre número. Comuniquen. Espera.* DAVID *torna a marcar el número de* SARA. *Comunica. De sobte, sona el seu mòbil. Mira el número i reconeix que és el de la seua mare.)*

DAVID. *(Responent al mòbil.)* Digues... Sí, ja sé que ets la mama... Què vols?... Estic bé; sí, bé... Ja t'he dit que estic bé... No; no he anat a classe... Sí, això; no tenia ganes d'anar i no he anat... I què? Que em suspenguen si volen... Ja sé que tenia un examen d'història. I què?... No tenia ganes d'estudiar i no he estudiat... Sí, així de senzill... La de socials em té mania, ja ho saps... I què?... Jo no li tinc por... Pots dir-li-ho al pare, jo me'n fot... Sí, me'n fot... Parle com vull... Ja t'he dit que no li tinc por... I què em farà? Què em farà, eh?... Que em pegue si vol... Sé defendre'm, jo no soc una dona... Què vull dir?... No ho sé; això que he dit i prou... Ja sé que soc menor, i què?... No soc com tu ni cap *marica*... Prou, mare; estic esperant una telefonada... No t'importa de qui; una telefonada i prou...

*(*SARA *continua marcant el número i esperant que li contesten.)*

SARA. Què passa? Per què no agafes el telèfon? He de parlar amb tu... Necessite parlar amb tu... Que ja t'has cansat? Per què no em dius res?... Acabaré boja... boja... entre aquests pares i tu...

DAVID. *(Continua la conversa pel mòbil.)*... No; no pense anar a classe... Per què no? Perquè no... I no et preocupes per mi... No; preocupa't més per tu... Si no dorm és perquè no tinc son... Mama, prou; ja n'hi ha prou, vols?... Tornaràs a plorar?... Tot ho resols plorant... No haver-te casat i no haver-me tingut... Jo no vaig demanar de ser el vostre fill... Prou, per favor; si continues plorant, talle el mòbil... No plores...

SARA. *(Insistint encara en la seua telefonada.)* T'has cansat? Sí, ja ho veig... Per què no dones la cara?... Quin dia!... Però vull saber-ho... No pararé fins que no m'ho digues cara a cara i mirant-me als ulls...

DAVID. *(Parlant encara amb la mare.)*... D'acord; ja en parlarem... No; no et preocupes... I jo, també; sí, jo també t'estime... De veritat... No plores més, val?, sinó acabaré odiant-te... Si plores, deixaré d'estimar-te... Bé... Sí... Fins després... No; no dinaré a casa... No ho sé... Faré un volt amb el monopatí i ja menjaré alguna cosa... No; no tinc ganes de buscar res per Internet, ni l'elixir d'amor ni res... D'acord... Fins a la vesprada... Quin plom... No sigues rotllo, mama... Val, sí; t'estime... Més fort? Però mama... *(Amb una mica més de veu.)* T'estime... *(Talla la comunicació.)* Quina merda!

(SARA ha penjat el telèfon. Pausa. DAVID marca el número de SARA. Sona el telèfon del despatx de la dona que, per fi, està lliure i l'agafa.)

SARA. Sí?

DAVID. Hola...

SARA. Hola. *(Pausa.)* Qui és?

DAVID. *(Fingint la veu.)* Soc el pare de David...

SARA. David? Quin David?

DAVID. David Selva.

SARA. *(Incrèdula.)* El pare de David Selva?

DAVID. Sí; el pare de David.

SARA. Segur?

DAVID. Què?

SARA. Perdone, però em sembla que té una veu molt jove per ser el pare...

DAVID. *(Violent.)* I això, què importa? La veu no importa res. Vosté sembla molt vella.

SARA. Sí?

DAVID. Sí.

SARA. Si vosté ho diu...

DAVID. Ho dic i dic que soc el pare de David Selva.

SARA. Està bé, d'acord. I què hi ha?

DAVID. Sempre té el telèfon ocupat.

SARA. Què?

DAVID. Fa més de mitja hora que intente comunicar-me amb vosté.

SARA. És que avui s'ha acumulat molta feina. *(Silenci.)* Sí?.. Encara continua al telèfon?

DAVID. Sí; encara continue.

SARA. Si vol parlar amb mi, estic a la seua disposició. Pot vindre a veure'm quan vulga. M'encantarà parlar amb vosté. Segur que serà una entrevista molt profitosa.

DAVID. No vull cap entrevista.

SARA. I què vol, doncs?

DAVID. Dir-li que David no anirà a classe.

SARA. Què li passa? Està malalt?

DAVID. Sí, això mateix; està malalt.

SARA. És greu?

DAVID. No; res greu. Un poc de constipat i mal de cap.

SARA. Té febre?

DAVID. Febre? *(Desconcertat.)* No; no molta... Bé, sí; trenta-vuit...

SARA. Trenta-vuit graus?

DAVID. Li telefone per avisar-la.

SARA. I per què a mi?

DAVID. I per què no?

SARA. No seria millor trucar al cap d'estudis?

DAVID. Vosté és la seua tutora.

SARA. Sí; això, sí.

DAVID. I David...

SARA. Sí?

DAVID. Sembla que David li té confiança...

SARA. Ah, sí?

DAVID. Sí; sembla que vosté no és com les altres...

SARA. Gràcies per la consideració.

DAVID. Done-li-les a ell.

SARA. Ho faré. Però tots els professors són uns bons professionals.

DAVID. David no opina el mateix.

SARA. Perquè encara no és adult. Quan cresca, canviarà d'opinió. *(Pausa.)* Alguna cosa més?

DAVID. Res més; ara ja sap que David no anirà i per què.

SARA. No; això no ho sé.

DAVID. No? Té febre.

SARA. Ah, sí, perdone; trenta-vuit...

DAVID. Tenia un examen de socials. Vol dir-li-ho a la professora?

SARA. Ho faré encantada.

DAVID. Gràcies.

SARA. I per què no ve a veure'm vosté?

DAVID. Tinc molta feina.

SARA. Que no disposa ni de mitja hora lliure per a parlar del seu fill?

DAVID. Va parlar amb la mama... amb la meua dona vull dir, no?

SARA. Sí; és cert.

DAVID. I no n'hi ha prou?

SARA. Vosté creu que n'hi ha prou?

DAVID. Sí.

SARA. Està bé, doncs; si ja no vol res més...

DAVID. No; res més. I no s'oblide de dir-li-ho a la de socials.

SARA. No me n'oblidaré.

DAVID. *(Tallant la comunicació.)* Bon dia.

SARA. Bon dia. *(Penja el telèfon i somriu amb una certa tristesa.)* Trenta-vuit graus... Per què tots els homes són iguals, tinguen catorze o trenta-tres anys? Per què els costa tant d'afrontar les situacions cara a cara?...

5
DAVID I SARA

(Al despatx. SARA ordena papers i retalla articles i notícies de premsa. DAVID torna a visitar la tutora amb el seu inseparable monopatí.)

SARA. Has llegit la notícia?

DAVID. Quina notícia?

SARA. La policia busca una espècie de banda juvenil que es dedica a calar foc als cotxes durant els caps de setmana. Sembla que ho fan per divertir-se. Què en penses?

DAVID. Què?

SARA. Et sembla que és divertit cremar els cotxes dels altres? *(Pausa.)* Retallaré la notícia i la comentarem a classe de tutoria. *(Canvi.)* Ja estàs bé?

DAVID. Millor.

SARA. Què et va passar?

DAVID. Tenia mal de cap...

SARA. I trenta-vuit graus de febre, no?

DAVID. Sí; trenta-vuit. I tu?

SARA. No, jo no tinc febre. De moment, encara no he agafat cap constipat.

DAVID. Però tampoc no estàs bé.

SARA. No?

DAVID. No. Tens algun problema.

SARA. Jo?

DAVID. Tu.

SARA. No; cap problema.

DAVID. Jo crec que sí.

SARA. Sí?

DAVID. Sí.

SARA. Per què? Potser ho has vist en alguna sessió de màgia?

DAVID. No.

SARA. I per què penses que tinc algun problema?

DAVID. Perquè fas la cara de ma mare.

SARA. I quina cara fa la teua mare?

DAVID. La mateixa que tu.

SARA. Quin problema té la teua mare?

DAVID. Vols saber-lo?

SARA. Si me'l vols contar...

DAVID. Te'l contaré si em dius què et passa a tu.

SARA. No, jo soc la professora; i no...

DAVID. No, què?

SARA. Que una professora no és com una xica de la teua edat.

DAVID. Tens por.

SARA. Por?

DAVID. Por de parlar amb mi.

SARA. No; no en tinc gens de por.

DAVID. O creus que soc massa criatura per entendre't? Sí, és això; no penses que jo puga comprendre res del que et passa. Tu ets la tutora i jo un alumne problemàtic;

tu una adulta i jo un adolescent. No puc entendre res del que et passa; res del que us passe a vosaltres perquè ja sou persones grans i responsables... Per què sempre us sentiu superiors i us penseu que els alumnes no us podem entendre?

SARA. No; no és això.

DAVID. Ah, no? Doncs, què? *(Pausa.)* Està bé; si no vols que parlem, me'n vaig.

SARA. No, espera.

DAVID. Vas a parlar?

SARA. No vull que te'n vages així...

DAVID. Així, com?

SARA. Vull que parlem i que confies en mi, però...

DAVID. Què et passa? *(Silenci.)* Vols que parlem o no?

SARA. I tu?

DAVID. Per què em gires la pregunta? Si no hem de parlar, me'n vaig...

SARA. *(Després d'una pausa.)* Està bé, però... Són coses de dones...

DAVID. Coses de dones? Tens problemes amb la regla?

SARA. Què? Amb la regla? No; no hi tinc cap problema. Físicament estic perfecta. No, no és això.

DAVID. És ell?

SARA. Qui?

DAVID. El teu home.

SARA. No estic casada.

DAVID. Però tens un home, un company...

SARA. Bé, sí.

DAVID. Et pega?

SARA. Pegar-me?
DAVID. Et maltracta psicològicament?
SARA. No, no; no és res d'això.
DAVID. Segur?
SARA. Sí; segur.
DAVID. Fas cara de no dormir i d'estar molt inquieta.
SARA. Sí; inquieta ho estic. I tampoc no dorm molt bé darrerament.
DAVID. Ho veus?
SARA. Què?
DAVID. Que sí que comprenc el que et passa.
SARA. Tot és molt més senzill. O més complicat, ves a saber. Jo estic enamorada, ho entens?
DAVID. Sí.
SARA. Molt enamorada i ell... Ell no sap si m'estima.
DAVID. Per què no?
SARA. Té por.
DAVID. Por de tu?
SARA. No, de mi, no; de l'amor.
DAVID. Quin *tio* més rar.
SARA. Rar?
DAVID. Sí; molt rar.
SARA. Per què?
DAVID. Perquè tota la gent vol enamorar-se i ell...
SARA. Potser és que no ha tingut una bona experiència.
DAVID. Què li ha passat?
SARA. Fa un any que s'ha separat de la seua dona i només buscava un rotllo, comprens?; algú amb qui eixir i passar-s'ho bé. Això és normal després d'una mala

experiència. Però les coses entre nosaltres han anat massa lluny i el que va començar com un joc ha acabat atrapant-nos als dos. Jo no volia enamorar-me com ho he fet i ell... Ell no es troba amb forces per parlar clar... Per una banda, m'estima i està molt bé al meu costat; però per una altra, té por a un nou compromís, no vol tornar a fracassar... A més, té un fill...

DAVID. Com jo?

SARA. No; de tres anys només. Vam quedar per veure'ns i aclarir la situació, però no va acudir a la cita ni agafa el telèfon... És clar que tot això m'afecta i no em deixa dormir bé. Estic inquieta. Però intente que els meus problemes personals no contaminen la meua actitud professional, comprens?

DAVID. Sí.

SARA. Es nota molt?

DAVID. Es nota.

SARA. Molt? Se'm nota molt?

DAVID. Tu sempre has sigut una professora alegre i ara no ho ets tant. Això és el que nota la majoria, que ja no somrius de la mateixa manera i les classes són més pesades.

SARA. Molt més pesades?

DAVID. Més que abans.

SARA. Insuportables?

DAVID. No; no tant com altres, però menys entretingudes que abans.

SARA. Una classe no és un programa de televisió.

DAVID. A mi no m'interessa la televisió.

Sara. Vull dir que, per més que ens esforcem a fer les classes amenes, una classe demana esforç, concentració...

David. Abans fèiem el mateix i no era tan pesat.

Sara. I què hi puc fer?

David. No et preocupes; encara ets més suportable que la majoria. Però jo ho he notat més que els altres.

Sara. Sí? Per què?

David. Per coses...

Sara. Quines coses? *(Pausa.)* Per ta mare?

David. Ma mare?

Sara. Has dit que jo feia la mateixa cara de la teua mare. Per això ho has notat més?

David. Sí; per ma mare i perquè jo et conec més que els altres de classe.

Sara. Què li passa a ta mare? *(Silenci.)* Jo he complit i t'he explicat què em passa a mi, ara et toca complir a tu. Per què la meua cara et recorda la de ta mare?

David. *(Després d'una pausa.)* Està embarassada.

Sara. Embarassada? Doncs, jo no; jo no estic embarassada.

David. Jo no he dit que estigues embarassada, sinó que fas la mateixa cara.

Sara. Sí, perdona; i què passa? Té un mal embaràs?

David. No; ella diu que tot és normal. Però mon pare no vol.

Sara. No vol la criatura?

David. No.

Sara. I tu?

DAVID. A mi tant m'és... Tindré catorze anys més que ella, però si ma mare vol... Ma mare estava boja per tindre una xiqueta i li han dit que serà una nena. Ella està molt contenta, però ell creu que arriba en mal moment i li pega...

SARA. Què?

DAVID. Ho has sentit perfectament, li pega. *(Pausa.)* Des de fa un temps, mon pare beu i li pega.

SARA. Ton pare és advocat, no?

DAVID. Sí; treballa per a una gran empresa i ma mare té una botiga de roba infantil. Però li pega. I les coses no van bé. Jo no puc fer res. Voldria fer alguna cosa, però no sé què. Només tracte d'estar fora de casa el major temps possible.

SARA. *(Intentant llevar ferro.)* I no hi ha cap elixir que ho puga resoldre?

DAVID. No; sembla que no. O jo no en sé prou encara. Ma casa ja no és el que era.

SARA. I per això no pots preparar els exàmens i faltes o arribes tard a classe?

DAVID. Per això i per més coses.

SARA. Quines coses? *(Pausa.)* Què més hi ha? *(Pausa.)* Segons em va dir el teu «pare» per telèfon, confies en mi; és cert? *(DAVID fa un gest afirmatiu amb el cap.)* Doncs, per què no m'ho contes tot?

DAVID. El de la telefonada no era el meu pare.

SARA. *(Fent-se la sorpresa.)* No?

DAVID. No; i ho saps de sobra. Vas saber de seguida que el meu pare no era el meu pare, sinó jo. Ho vaig fer del cul. Ho tenia tot molt ben assajat, però després... Vols fer-me creure que no ho vas endevinar?

SARA. No.

DAVID. No ho vas endevinar?

SARA. Sí, ho vaig endevinar; era prou evident. Volia dir que no vull fer-te creure el que no és. *(Pausa.)* Què més hi ha?

DAVID. Els amics...

SARA. T'insulten? Et peguen?...

DAVID. No; m'amenacen.

SARA. Quina classe d'amenaces?

DAVID. Em diuen covard i m'amenacen de pegar-me una bona pallissa i fer-me fora de les competicions amb monopatí si no faig el que volen.

SARA. I què és el que volen?

DAVID. Insultar els immigrants i els *mariques*...

SARA. Insultar-los només?

DAVID. No; pegar-los, perseguir-los de nit, atacar alguns companys... Fins i tot persones adultes... amb bats de beisbol i després... després córrer amb els monopatins...

SARA. I cotxes? També cremeu cotxes?

DAVID. No; nosaltres no hem calat foc als cotxes de què parla el diari.

SARA. Saps qui ho ha fet?

DAVID. Sí. Però nosaltres, no. L'altra nit... la nit del dia que no vaig acudir a l'examen va ser la pitjor...

SARA. Per què?

DAVID. Me'n vaig anar de casa per no vore una altra discussió entre els meus pares, una discussió que, n'estava segur, acabaria amb colps i bufetades... Em vaig reunir amb els amics i vam fer un volt amb els monopatins i després... després vaig haver de matar un gat...

SARA. ...un gat?...

DAVID. ...un gat que havien agafat no sé on i... i em van fer matar-lo.

SARA. Per què?

DAVID. Perquè sí; perquè així són les coses. Cal demostrar valentia, collons, que ets un home de veritat i no una nena, que estàs en el grup. Això ja és prou, no?

SARA. No.

DAVID. Per a ells, sí. *(Pausa.)* Jo no havia matat mai un gat i... Uf!, no em va agradar... M'ho vaig passar molt malament... Em pensava que seria divertit, però no... no va ser gens divertit matar aquell gat... El van lligar i el van posar a terra i jo... jo havia de saltar, amb un Harp Flip, per exemple...

SARA. Què és, això?

DAVID. Què?

SARA. El Harp...

DAVID. Un Harp Flip és una classe de salt. Et llances a l'aire i després caus suaument sobre terra; és com un aterratge llarg i continu. Però ací havia de caure violentament sobre el cap del gat, deixar-hi anar tot el pes del meu cos amb força i esclafar-li el cap a la primera...

SARA. I ho vas fer?

DAVID. Sí.

SARA. A la primera?

DAVID. Sí, soc molt bo; i tots em van aplaudir. Després...

SARA. Encara n'hi ha més?

DAVID. Això va ser el que més em va afectar...

SARA. Què?

DAVID. El gat va morir a l'acte amb el cap ple de sang... Després... després havia de llançar-lo contra un vell que dormia entre bosses, papers i cartons a la porta d'un banc...

SARA. Què?!

DAVID. L'home es va sobresaltar... es va posar a cridar... i plorava... potser estava begut... no ho sé... però la sang... la sang de l'animal li va embrutar la cara... tota la cara plena de sang... del gat... A mi no em divertia, però els altres reien i jo també... reia com ells... per ser del grup... Vam arrancar a córrer amb els monopatins i després...

SARA. Un altre gat?

DAVID. Després, vam anar a casa d'un company i vam deixar una nota a la bústia dels pares...

SARA. Què deia, la nota?

DAVID. El seu fill és un *marica* covard, li encanta mirar les polles en els vestidors i mamar-la en els vàters...

SARA. Com en el cas del dibuix.

DAVID. Era el mateix.

SARA. Per què ho vau fer?

DAVID. No podíem deixar que els profes ens guanyàreu.

Sara. Què vols dir?

David. Que per culpa d'ell m'havien expulsat de classe i alguns profes ens tenen mania.

Sara. I és veritat?

David. Què?

Sara. Això dels vestidors i els vàters.

David. No ho sé. *(Pausa.)* No; crec que no... Però no importa; això no importa gens... El que passa és que es va negar... no va voler explicar-los uns problemes de física ni els va deixar el monopatí...

Sara. A qui?

David. No ho sé... No vull donar noms... No me'n recorde...

Sara. Però què us passa? Que us heu tornat tots bojos?

David. Jo he vingut a parlar amb tu...

Sara. I t'ho agraïsc; és una prova de confiança. Ho sé. Però no n'hi ha prou.

David. Algunes nits no puc dormir i tinc malsons. Com quan...

Sara. Què?

David. Una vesprada vam perseguir una xica... Anàvem amb els monopatins i amb passamuntanyes perquè no ens reconeguera... Un dels nostres es va llançar sobre ella i la va tirar a terra... Després... després tots els altres li passàrem per damunt fent piruetes sobre el seu cos, Hard Flip, Airwalk, Varial Kickflip...

Sara. Què és, tot això? Més passos de monopatí?

David. Sí; va ser divertit.

Sara. Divertit?

DAVID. Ella plorava i tenia molta por, i això era terrible; però saltar-la i fer els passos...

SARA. Et va resultar divertit?

DAVID. No ho havia provat mai.

SARA. I ho has tornat a fer?

DAVID. Una altra vegada, però ja no va resultar tan bé.

SARA. Per què no?

DAVID. La xica es va resistir i va acabar tota plena de sang... Vam haver de tancar-li la boca amb un mocador perquè no cridara...

SARA. Salvatges!

DAVID. Aquella nit tampoc no vaig poder dormir...

SARA. I elles? Has pensat en aquelles xiques? I en el company? Has pensat en tots ells?

DAVID. Sí.

SARA. I què?

DAVID. Per això no vull continuar... Però tinc por... No vull que m'insulten ni que em perseguisquen...

SARA. Cal denunciar-ho.

DAVID. Què?

SARA. Denunciar-ho.

DAVID. Denunciar-ho? Denunciar, què? A qui?

SARA. A la policia. A qui siga, però cal posar fi a tot això.

DAVID. No, no; jo no soc un *xivata.*

SARA. Cal denunciar les actuacions d'aquest grup de bandarres.

DAVID. No.

SARA. Ho has d'entendre.

DAVID. No.

SARA. És l'única possibilitat.

DAVID. No. Jo no denuncie ningú.

SARA. Si no ho fas, tu també ets el seu còmplice.

DAVID. Còmplice? Que jo soc el seu còmplice?... No; jo no soc un *xivata*. Res més. *(Violent.)* Què pretens? Que jo també siga un *marica*, una nena que es caga damunt?... No; de cap manera... I no sé per què he vingut a dir-te res... Mon pare té raó, ells tenen raó, no es pot confiar en les dones... Sou totes iguals, covardes, porques i xarraires... *(Empés per una violència desconeguda, comença a colpejar* SARA. *Ella sorpresa i espantada no hi pot fer res.)* Putes! Totes sou unes putes... Em pensava que tu eres diferent... Que podia confiar-te... I no.... ets com totes... puta... xarraire... covarda... *(La dona ha caigut a terra i es protegeix com pot dels colps. De sobte,* DAVID *s'abraça a* SARA.*)* Perdona'm... perdona'm... Per què ho he fet?... No vull ser com el meu pare... Per què?... No volia... jo no volia...

*(*SARA *està per correspondre la seua abraçada i acaronar-li els cabells, però deixa la carícia en suspens. Sona el telèfon i durant la foscor se sent la veu d'un home que diu: «Ho sent, Sara; t'estime, però buscate'n un altre. Et mereixes algú millor que jo»...)*

6
SARA

(Sara camina sobre un aparell esportiu de cinta contínua. Hi gasta energies, ràbia, desconcert i desesperació.)

Sara. Idiota! Idiota! Idiota! Soc una idiota i un sac de tòpics. Tota jo no soc més que un sac de tòpics... L'amor, l'ensenyament... Tinc el cap i el cor plens de respostes suades... Però no, no; la vida acaba amb tots els manuals de solucions i els transforma en fantasmes... Només les preguntes continuen encara... Canvien les respostes, no les preguntes... I algunes respostes contaminen de tal manera les preguntes que, a la fi, ja no saps ni el que preguntes perquè res no s'ajusta a les respostes previstes... *(Descansa una mica i es torca la suor.)* Uf, quina merda!... Tot una merda... Mon pare diu que no tinc dret a queixar-me... ah, no?, i me'n fa responsable, m'acusa i sosté que jo en soc la culpable... Culpable? Culpable, de què? Per a ell tot és molt senzill, informació, autoritat, disciplina... Aquesta és la base de l'ensenyament... Una funció social, diu, una gran funció social, l'ensenyament, mentre hi haja informació adequada i autoritat. Sobretot això, autoritat... L'ensenyament és la base de la societat... Però jo no estic per a discursos gastats, sinó perquè m'estimen... Només això, un poc d'estima i prou... I ara, què? Què faig? Denuncie o exculpe? A qui de tots? A mi? A ell? A David?... Em denuncie a mi per ser una idiota, com diu el meu pare, i no haver donat part de David immediatament?... No, pare; ja no. Els teus mètodes han fet figa i l'ensenyament ja no és més que un gra d'arena enmig d'un immens oceà de grills... I l'amor? Per què crec en l'amor? Quina necessitat hi ha de creure-hi?... Uf! Estic tan confosa... I ell... És normal que un home com ell tinga tanta por a l'amor i al compromís?... Sí, és normal; ha de ser completament normal... *(Torna a caminar sobre l'aparell amb més força.)* No puc creure que només siga un covard... que haja jugat amb mi o que m'haja aixafat el cor per divertir-se com si jo també fora un gat de carrer... No, no; no ho puc creure... Respostes, pare... On són les respostes?... Vull respostes, no aquell bla bla bla amb què encara et protegeixes de la realitat... *(A la cinta contínua.)* Corre, vinga; corre... Que a tu tampoc no et queden ja més energies?... *(Imitant la veu de l'home.)* «T'estime, però busca-te'n un altre; et mereixes algú millor que jo»... I això és tot; un missatge a la bústia del mòbil després de tant de temps... «Et mereixes algú millor que jo»... Merda! Per què tothom es creu amb el dret d'opinar i d'intervindre en la meua vida?... Tinc vint-i-sis anys... Sé l'home que estime i em meresc... No cal que ningú em diga què sent el meu cor... Em falta experiència, ja ho sé; però també sé el que el cor em diu... *(Accelera la cinta tot el que pot.)* No ho hauria de fer... No hauria de fiar-me tant dels sentiments i hauria de ser més racional, més freda, una cuirassa, per evitar-me problemes... Deixar ben clar qui mana i qui té l'autoritat com diu el pare... Els alumnes han de tindre punts clars de referència, és cert, però no sé... jo... Per què és tan difícil seguir l'impuls del cor? Què hi falla? Què hi manca?... *(Descansa una mica.)* He actuat amb David correctament? Vaig intentar entendre'l per ajudar-lo o només buscava abocar-li a algú tota la merda del meu desconcert?... Si ho sabera... si ho poguera saber... I ara em cal denunciar-lo? Denuncie David o li faig veure que encara confie en ell i que tot això no ha sigut més que una crisi momentània?... No és més que un adolescent... Però si ha pegat una vegada, no pegarà mai més?... I ell?... Ah, li telefone i li dic, el que vulgues, sense compromisos, com vulgues? Fes el que vulgues, soc el teu titella, la teua joguina i la teua puta... Et necessite; sí, necessite la teua abraçada i un poc de llum... Prou de divisions i de classificacions... Un pensament per a cada cosa i una cosa per a cada pensament... Raó contra passió, joc contra disciplina... Quincalla! Merda! Deixalles! Un abocador de residus enverinats... Harmonia... Una mica d'harmonia... Però no et preocupes, pare; maduraré... Quan tinga quaranta anys, ja no seré com ara... Tot serà diferent aleshores, encara que continuaran les mateixes preguntes... Però potser ja m'hi hauré acostumat i tindré respostes automàtiques, cuirasses afectives... A la maduresa tot es veu d'una altra manera, diuen; doncs jo també... Sí, jo també ho veuré tot d'una altra manera quan tinga quaranta anys... Per què jo hauria de ser diferent?... *(Pausa.)* Però no; no vull... No vull per a mi aquest futur... No; de cap manera... *(Reprén la marxa i s'obliga a continuar fent exercici.)* I ara, què faig?... He de prendre una decisió... Ho deixe córrer de moment a veure com reacciona David? I ell? Què faig d'ell i de mi mateixa?... *(Involuntàriament, doblega el seu cos en un gest de dolor silenciós. De sobte, però, agafa un nou impuls i es mostra decidida.)* Ah, prou, prou; això no pot continuar... Aquesta sembla la cinta de les lamentacions en lloc de la cinta de posar-me en forma... Al carrer! He d'eixir al carrer... Segur que al carrer trobaré una resposta...

7
SARA I DAVID

(El parc a poqueta nit. Sara *corre per uns camins solitaris i poc il·luminats. S'asseu en un banc per descansar una estona. Al cap de poc, en una altra zona, veiem* David *que hi arriba amb el seu monopatí. Porta un passamuntanyes i ulleres fosques en lloc de la seua gorra característica. Se'ns fa difícil reconéixer-lo. Observa la dona discretament i tracta de passar inadvertit fonent-se entre les primeres ombres de la nit i els crits i sorolls d'un grup de joves que practiquen l'skateboard en una plaça del parc. Per un moment, es lleva les ulleres i es descobreix la cara.)*

David. No m'ha vist ni em pot reconéixer amb aquesta roba... No; impossible que sàpia qui soc i aquest és un bon lloc per observar-la... I per què ve ací? Per què seu en aquest banc i mira com fan *skateboard* aquella colla d'inútils? Ningú no m'arriba ni a la sola de la sabata... Potser em busca a mi? No; jo no soc d'aquest barri ni mai havia vingut abans en aquest parc... Només fa tres dies que la vigile i ni se n'ha adonat... I és curiós, cada dia el mateix, fer fúting i descansar sempre en el mateix banc... Per què hi seu?

Espera algú? I per què no va a classe? Que potser està malalta de veritat? Diuen que està malalta, però no ho sembla... A mi no m'ho sembla... Només se la veu distant i pensativa... Potser encara espera que vinga el seu amant... La veritat és que es comporta d'una manera prou estranya... Dones! Totes les dones són igual!... I de mi? Què pensa fer de mi? Em denunciarà i m'expulsaran?... Que faça el que vulga, jo me'n fot; me'n fot de tot i de tots! Que els donen pel cul! No m'importa ni gens ni miqueta. Si em foten fora no seré el primer ni l'últim. Que em tiren; ja trobaré un altre col·legi... I els meus pares... Uf! Ma mare plorarà com sempre i em farà un sermó sobre el respecte i totes aquestes collonades de merda... I el pare... Mon pare no dirà res... Em mirarà amb cara d'odi i potser m'alçarà la mà, però no em pegarà; no, a mi no em pegarà perquè sap que li la tornaré, què s'ha pensat?... Després, es girarà contra la mare i li dirà, ja veus el que has fet; volies encarregar-te de la seua educació i ja ho veus, ni per a això servixes...

(SARA s'aixeca i mira cap al lloc on DAVID s'oculta. Se la veu una mica inquieta. Pausa tensa. DAVID no es mou, expectant. Després, SARA es disposa a continuar corrent i desapareix.)

DAVID. M'ha vist?... No, no; impossible... És impossible que em puga vore... I encara que em veja, no em pot reconéixer... Així no em reconeixeria ni la meua pròpia mare... I on va?... Per què corre per aquells camins?... No és normal... Mai ha fet aquesta ruta abans... Què pretén?... S'ha parat... Es gira... Sembla que dubta... Què busca?... I ara... Ara ve cap ací... Potser ve per mi?... Sí; em deu haver descobert... És molt llesta... Sí, és molt llesta; però em té por... Està cagada de por... I no és més que una idiota si pensa que em trobarà abans que jo voldré i com jo voldré... Aquest és el meu joc, professora, i el meu terreny; no el teu... *(Es cobreix la cara una altra vegada i es posa les ulleres.)* Si em vols vore, hauràs d'esperar un poc més... Encara no estic preparat per a fer el que he de fer...

(DAVID Ix. Entra SARA.)

SARA. Paranoica... M'estic tornant paranoica... Tinc la sensació que algú em segueix des de fa dies... I ara... Uf! Veig fantasmes i persecucions on no hi ha res... Jo diria que ací hi havia... Però, no; tot és producte de la meua confusió o el meu desig...

8
SARA I DAVID

(El parc al vespre. DAVID seu al banc on s'havia assegut SARA i llegeix un llibre. Apareix SARA passejant. Veu l'alumne i s'atura un moment en la distància. A la fi, sorpresa i cautelosa però decidida, s'acosta al jove. Ell, tot i que l'està esperant, no pot dissimular un cert nerviosisme que intenta dissimular, d'entrada, amb un posat distanciat i quasi petulant.)

SARA. David? Hola... Què fas ací?

DAVID. És un parc públic.

SARA. Sí, és clar; però tu... Tu no vius per aquesta zona.

DAVID. I això què importa? Jo em passege per tota la ciutat.

SARA. I el teu monopatí?

DAVID. Avui ja m'he entrenat.

SARA. A vegades, venen una colla de joves a fer salts.

DAVID. No valen res.

SARA. Com que jo no hi entenc, em sembla que ho fan molt bé.

DAVID. Són una merda.

SARA. Els coneixes?

DAVID. No; però els he vist...
SARA. ...vens molt per ací?...
DAVID. ...alguna vegada.

(Silenci.)

SARA. Ha estat una sorpresa...
DAVID. Què?
SARA. No m'esperava... No t'hi havia vist mai abans.
DAVID. No, clar.
SARA. I tu?
DAVID. Jo?
SARA. M'hi has vist abans?
DAVID. Sí.
SARA. Sí?
DAVID. Sí.
SARA. I per què no m'has dit res?
DAVID. Perquè... perquè no tenia res a dir-te...
SARA. I ara?
DAVID. Ara?
SARA. Ara vols dir-me alguna cosa? *(Silenci.)* M'esperaves?
DAVID. Què?
SARA. M'estaves esperant?
DAVID. No... No; en realitat, no.
SARA. No?

(Pausa.)

DAVID. Bé, sí; t'esperava... t'estava esperant... L'altre dia...
SARA. Quin dia?
DAVID. Ho saps de sobra; l'altre dia...
SARA. No sé de quin dia parles.
DAVID. Et vaig fer por...
SARA. ...por...
DAVID. ...por. No digues que no; et vaig fer por...
SARA. Per què?
DAVID. Perquè vas creure que et perseguia i volia fer-te mal...
SARA. ...no...
DAVID. ...com a la gata...
SARA. ...no...
DAVID. Sí.
SARA. No, com a la gata no; però...
DAVID. Estaves aterrida...
SARA. Està bé; sí, d'acord, tenia por...
DAVID. Ho veus?
SARA. Què?
DAVID. Jo ho sabia... Sabia que tenies por...
SARA. Però no era de tu...
DAVID. ...no?...
SARA. ...ni em va passar pel cap que fores tu... encara que després... després, a casa, ho vaig pensar...
DAVID. ...ah, sí...
SARA. ...no sé com ni per què se'm va acudir que podries ser tu... però no... no vaig tindre por de tu ni de ningú, sinó de mi... vaig tindre por de mi...
DAVID. ...de tu?...

SARA. De mi mateixa.

DAVID. Por de tu mateixa?

SARA. Sí.

DAVID. Per què?

SARA. Perquè desitjava veure una altra persona.

DAVID. Quina altra persona? El teu amant?

SARA. Ens vam conéixer ací mentre corríem i em pensava que el tornaria a trobar.

DAVID. I per això tenies por de tu mateixa?

SARA. Sí.

DAVID. No ho entenc.

SARA. No sabia com podia reaccionar. Volia trobar-me'l, parlar-li, i alhora... no; alhora no ho volia...

DAVID. Tot això és molt complicat.

SARA. Tu creus?

DAVID. Sí.

SARA. Tant com tu?

DAVID. Com jo?

SARA. Sí.

DAVID. No; jo no soc gens rar.

SARA. No?

DAVID. No.

SARA. I per què m'estaves esperant? Per què ara vens a aquest parc?

DAVID. Perquè...

SARA. ...perquè és un parc com un altre, no?

DAVID. Bé, sí... Puc anar al parc que vulga, no?...

SARA. I és per això només que ara seus en el banc on jo em solc seure i descansar?

DAVID. Sí...
SARA. ...sí?...
DAVID. ...vull dir...
SARA. Tu també ets molt complicat...
DAVID. ...no; jo...
SARA. ...tots ho som...
DAVID. ...jo no soc com els adults...
SARA. ...això no és cosa dels anys...
DAVID. ...jo només en tinc catorze...
SARA. ...però els afectes, l'odi o l'amor, no tenen edat.

(Silenci.)

SARA. Què lliges?
DAVID. Què?
SARA. Et faràs mal als ulls amb aquesta llum...
DAVID. Jo encara m'hi veig.
SARA. Quin llibre és aquest?
DAVID. Una història.
SARA. I de què tracta?
DAVID. És la història d'un alquimista...
SARA. ...ah, sí; no me'n recordava que t'encanten les històries de bruixots...
DAVID. *(De sobte.)* Estàs malalta?
SARA. Què?
DAVID. Diuen que estàs malalta.
SARA. Sí; uns dies... He passat uns dies malalta, però...
DAVID. Què tenies?
SARA. Res. Res important.

DAVID. Res important i no vas a classe?

SARA. No em trobava amb forces...

DAVID. ...per què no em dius la veritat?...

SARA. ...quina veritat?...

DAVID. ...què tens? De quina malaltia es tracta?

SARA. Preguntes massa.

DAVID. I tu contestes molt poc.

SARA. No ha estat res...

DAVID. ...no?...

SARA. Necessitava pensar, reflexionar... tornar a organitzar les meues idees...

DAVID. I per què és tan important, això?

SARA. Què?

DAVID. Les idees... organitzar les idees... La meua mare també diu el mateix, però jo sé que ella tampoc no aconseguix organitzar-se del tot...

SARA. Organitzar les idees és una forma de retrobar-se, de tornar a ser un mateix. Les idees ens fan actuar d'una manera o d'una altra i ens ajuden a resoldre els conflictes adequadament si trobem les idees oportunes; o no, si no les trobem...

DAVID. I jo? Per què jo no puc organitzar les meues idees?... A cada moment pense una cosa i, bé, en realitat no m'agrada pensar... perquè no sé pensar... Què vol dir pensar? Com es pensa?

SARA. Cadascú ho fa d'una manera.

DAVID. I no hi ha un pensament per a tots igual?

SARA. Sí; hi ha alguns pensaments i idees universals, però pocs...

DAVID. ...pocs?...

SARA. Sí; en realitat, n'hi ha molt pocs. O menys del que sembla.

DAVID. Dis-me'n un.

SARA. Un?

DAVID. Un només; un pensament universal.

SARA. L'amor.

DAVID. L'amor?

SARA. L'amor, l'afecte... Les ganes d'estar o viure amb algú, de protegir-lo, de riure junts i de fer-lo feliç malgrat tots els problemes que es presenten. Però...

DAVID. ...què?...

SARA. Però, amb tot, l'amor, que és un sentiment universal, cadascú el viu d'una manera personal... Ni en això hi ha ni pot haver-hi un patró únic... Cadascú ha de descobrir la seua manera d'estimar...

(Pausa.)

DAVID. Tot això és culpa meua.

SARA. Què?

DAVID. La teua malaltia, tot...

SARA. ...no...

DAVID. ...sí... Jo sé que sí... A vegades... a vegades ni jo mateix sé el que faig... Vull fer una cosa i en faig una altra... vull dir una cosa i dic la contrària... No volia fer-te por, però la veritat és que te'n vaig fer i m'agradava...

SARA. ...t'agradava?...

DAVID. ...era una sensació nova... no sé...

SARA. ...però no me'n vas fer... Ja t'he dit que no tenia por de tu, sinó de mi mateixa...

DAVID. ...era com si de sobte hagueres de pensar en mi com en un home i no com en un adolescent...

SARA. ...no m'agraden els homes violents...

DAVID. ...en realitat, voldria ser com ell...

SARA. ...qui? Com el teu pare?...

DAVID. ...no; com el protagonista del llibre...

SARA. ...com el bruixot?...

DAVID. ...aquest no és cap bruixot, sinó un alquimista... un alquimista autèntic que descobrix la fórmula de la felicitat...

SARA. ...la fórmula de la felicitat...

DAVID. Sí. Però tots van en contra seu...

SARA. ...normal...

DAVID. ...normal?

SARA. Sí.

DAVID. Per què?

SARA. Perquè molta gent només s'alegra i viu de la desgràcia dels altres.

DAVID. Això és el que passa també en la novel·la. Uns volen la fórmula de la felicitat per fer-se els amos i controlar-la, mentre que uns altres tracten de destruir-la perquè ningú siga realment feliç. Creuen que el món funcionarà millor mentre la gent busque la felicitat que quan la tinga. És una novel·la molt divertida i hi ha molta acció.

SARA. I en què consisteix?

DAVID. Sempre estant perseguint-se i hi ha espies, baralles...

SARA. La fórmula. Jo em referia a la fórmula. Quins són els elements de la fórmula de la felicitat?

DAVID. No ho sé.

SARA. No?

DAVID. No exactament. Encara no els han explicat i sembla que no ho faran perquè així en trauran una segona part, però...

SARA. ...sí...

DAVID. ...però jo crec que la fórmula de la felicitat consistirà en la pau i la justícia...

SARA. I per què creus que aquests en seran els components si el llibre encara no ho ha declarat?

DAVID. Perquè l'Alquimista detesta la guerra...

SARA. ...hi ha alguna guerra en la novel·la?

DAVID. Sí, moltes. Però ell les maleeix totes i sempre parla amb el seu ajudant de l'ambició i crueltat dels atacants... Fins i tot fa un discurs sobre la tendresa davant d'un grup de soldats...

SARA. ...tendresa?...

DAVID. ...Però ells se li riuen, a la cara.

SARA. Grans temes...

DAVID. Què?

SARA. Pau, justícia, tendresa... grans paraules... Potser massa grans i tot...

DAVID. ...massa grans?...

SARA. ...l'important no està en les grans paraules, sinó en les petites...

DAVID. Què vols dir?

SARA. És fàcil posar-se d'acord en les grans paraules. Fins i tot els enemics de l'Alquimista potser diran que també busquen la pau, la justícia...

DAVID. No; ells, no. Ells són els seus enemics...

SARA. En el relat...

DAVID. Doncs, clar; es tracta d'una novel·la.

SARA. Tot això és massa fàcil. Massa fàcil l'Alquimista i massa fàcil els seus enemics. La vida és una altra cosa... Vull dir... *(De sobte, DAVID li agafa una mà. Ella se sent desconcertada i fràgil.)* Què fas? Què pretens? Deixa'm...

DAVID. Per què no em pegues?

SARA. Pegar-te?

DAVID. Sí; jo et vaig pegar a tu i ara tu m'hauries de pegar a mi. Aquesta és la regla.

SARA. Quina regla?

DAVID. Si et peguen, tu també has de pegar.

SARA. No; aquesta no és la meua norma.

DAVID. I quina és la teua?

SARA. Ja ho sabràs. Ara me n'he d'anar.

DAVID. Tornaràs a classe?

SARA. I tu, deixaràs de vindre'm al darrere?

(Pausa. SARA ix. DAVID llança el llibre contra un arbre.)

DAVID. Soc un imbècil. Per què sempre ho espatlle tot?

9
SARA I DAVID

(Han passat uns mesos. Al despatx, SARA *recull algunes coses. Sona el telèfon.)*

SARA. *(A l'aparell.)* Sí?... Jo; soc jo... Qui?... La mare de Laura Poch?... Ah... Arriba tard... El lliurament de notes va ser fa una setmana... No; no va vindre ningú a recollir el seu butlletí... Parle amb el cap d'estudis, jo ja no hi tinc res a veure... No; ja no soc la seua tutora... El curs s'ha acabat, comprén?... Havia d'haver-ho pensat abans... Els he telefonat moltes vegades, els he enviat notes i cartes, els he advertit de la marxa de Laura... No era difícil preveure què passaria... Sí, ho supose... Supose que tenen molta feina... No; no els jutge, però jo ja no puc fer-hi res més... Haurà de repetir curs... Sí; és inevitable... Però això no és cap drama... Vull dir que repetir curs no és cap drama ni cap humiliació si serveix perquè millore... No; no hi ha una altra solució... Tothom pot passar un moment de crisi, però cal estar-ne pendents i no creure... No; no la recrimine... Ja li he dit que no la jutge, però em sembla que s'han confiat massa... Sí, clar; és la seua filla i han de confiar en ella... Però cal contrastar... Els professors no som titelles i també tenim els nostres problemes... Perdone, però ja no puc fer res més ni per Laura ni per vosté... Que passe un bon estiu i que li vaja molt millor l'any que ve...

(Penja l'aparell. Pausa. El telèfon sona una altra vegada, però SARA *ja no l'agafa. Entra* DAVID *amb el seu monopatí.)*

DAVID. Es pot passar?

SARA. Qui és?

DAVID. Es pot passar?

SARA. Ah, passa, és clar. *(Pausa.)* Seu. No vols seure? *(*DAVID *ho fa.)* Què hi ha? *(Pausa.)* Puc fer alguna cosa per tu?

DAVID. Més?

SARA. Què?

DAVID. Més encara?

SARA. Més encara? No hem d'exagerar. Només he tractat de complir la meua obligació... entre dubtes... Entre molts dubtes, aquesta és la veritat.

DAVID. M'han dit que te'n vas.

SARA. Anar-me'n? Bé, sí; és clar que me'n vaig.

DAVID. On?

SARA. Què?

DAVID. On te'n vas?

SARA. No ho sé; encara no ho he decidit.

DAVID. No ho has decidit i et trasllades a una altra ciutat?

SARA. Traslladar-me? No. Qui t'ho ha dit, això?

DAVID. No sé; ho he sentit...

SARA. No devien parlar de mi. Jo em quede. Potser ara estic millor preparada que mai... Me'n vaig de vacances, és clar; com tothom. Però tornaré. L'any que ve tornaré a començar. I tu? Tu què faràs?

DAVID. Estudiar.

SARA. De veritat?

DAVID. Sí; estudiaré i tractaré de no repetir curs.

SARA. Si t'hi poses, ho aconseguiràs.

DAVID. No repetiré.

SARA. Et veig molt segur.

DAVID. Ho estic.

SARA. No hauries de descartar un suspens. Repetir curs, al capdavall, tampoc no és cap tragèdia si això et fa madurar.

DAVID. Ja he madurat.

SARA. Ah, sí?

DAVID. Gràcies a la meua fada...

SARA. Una fada? Quina fada? Parlem seriosament.

DAVID. He descobert un filtre, un elixir contra els mals esperits. Un dia vaig invocar la meua fada protectora i ella em va donar la recepta.

SARA. I què hi vas posar?

DAVID. Tot el meu amor per ella i unes fulles d'alfàbrega.

SARA. Ho veus? L'amor fa miracles. Això és el que es conta en l'òpera que tant li agrada a ta mare, *L'elixir d'amor*.

DAVID. I ja no ens tornarem a veure més?

SARA. Què?

DAVID. L'any que ve canviaré d'institut...

SARA. Per què?

DAVID. Ma mare ha decidit separar-se i aquest estiu farem el trasllat. Jo me'n vaig amb ella i per això hauré d'anar a un altre institut... Pensava... No sé... havia pensat que si tu també et traslladaves... no sé.. qui sap... que potser encara ens tornaríem a trobar... Però ja veig que no... tot ha sigut un rumor fals...

SARA. O un desig equivocat.

DAVID. Què vols dir?

SARA. Algun dia ho comprendràs.

DAVID. Quan siga adult?

SARA. No; ser adult no hi té res a veure. Hi ha molts adults que tampoc no ho entenen, jo mateixa...

DAVID. ...tu?...

SARA. ...no és fàcil adonar-se d'un desig equivocat... I com està?

DAVID. Qui?

SARA. La teua mare.

DAVID. Millor; molt millor.

SARA. Encara fa la mateixa cara que jo?

DAVID. Des que han decidit separar-se està més tranquilla i ja no discutixen tant. Ara només pensa en la nena. A vegades em deixa escoltar els moviments del seu ventre i... és impressionant...

SARA. Impressionant?

DAVID. Sí; molt impressionant. No sé com dir-ho. M'agradaria... m'agradaria ser un bon escriptor per poder-ho explicar...

SARA. Hi ha coses que ni el millor escriptor les sap aclarir.

DAVID. Per què no?

SARA. Perquè el llenguatge també té els seus límits. En canvi, la vida... la vida és limitada, però inabastable... No hi ha paraules que la puguen explicar.

(Pausa.)

DAVID. Per què ho vas fer?

SARA. Què?

DAVID. Per què no em vas denunciar?

SARA. No ho sé. *(Silenci.)* Perquè un adolescent també té dret a ser comprés. A més, hauria servit de res? Creus que tu hauries canviat a millor si et denunciava?

DAVID. No ho sé. *(Pausa.)* No... Potser, no; potser m'hauria enrabiat més encara.

SARA. Sí; probablement hauria estat pitjor el remei que la malaltia. No ho sé. Però cada cas és cada cas i no es poden aplicar mesures rígides i absolutament vàlides per a tots. L'educació és un risc, l'amor és un risc. Si t'arrisques pots caure i fer-te mal, però si no... estàs mort. El meu pare no hi estaria massa d'acord, però...

DAVID. Que el teu pare també és professor?

SARA. Sí, també; però ell té uns altres mètodes. En fi, i ara si no et fa res voldria acabar de recollir les meues coses.

DAVID. Encara et martiritzen al telèfon?

SARA. No; ja no.

DAVID. Tornes a dir mentides.

SARA. Mentides?

DAVID. He sentit que encara discuties amb la mare de Laura.

SARA. Però aquesta vegada has trucat a la porta.

DAVID. Això és perquè la fada m'ha ajudat a canviar. *(Silenci.)* Me'n vaig. *(Silenci. No es mou.)* Sort.

SARA. Sort. *(DAVID està per eixir.)* Ei, que et deixes el monopatí.

DAVID. Què?

SARA. El monopatí.

DAVID. És teu.

SARA. Meu?

DAVID. Sí; és per a tu.

SARA. No, David; jo...

DAVID. Accepta'l com l'elixir d'un alquimista modern.

(DAVID ix. Pausa. SARA agafa el monopatí i veu que hi ha un sobre enganxat. L'arranca i l'obri. A dins hi ha una nota. Sembla un paper amb un dibuix com al principi. El desplega i el llig.)

SARA. *(Llegint.)* «Al darrere en tinta invisible hi ha la recepta d'un elixir d'amor que per fi he descobert. Vas creure en mi i això em va ajudar a trobar-la. Tu ets la meua fada. Gràcies a tu mai més tornaré a matar cap gat. T'ho jure. *L'amor pot fer miracles com els elixirs;* t'estime. No soc l'home que et mereixes, però t'estime»... *(Pausa. Somriure.)* Homes... Encara que només tinguen catorze anys, homes al capdavall...

(Fosc sobre SARA. *En un altre pla de l'escenari, apareix* DAVID *amb un nou monopatí. Es lleva la gorra i sembla més gran que l'adolescent conegut. Parla amb el públic.)*

DAVID. No és fàcil tindre catorze anys. Però jo, com tothom, també els vaig tindre i malgrat tot els vaig superar. Vull dir que, com el temps no s'atura mai, en vaig complir quinze i setze i tots els anys que vingueren després... Però cap, cap dels anys que seguiren, no van ser com aquell any. I ella, la meua fada, tenia raó: el llenguatge també té els seus límits i no hi ha paraules per expressar adequadament tot el que vaig sentir en aquells dotze mesos. A vegades un any abasta una vida i tota una vida pot encabir-se en un sol any... Paradoxes del temps, però així són les coses... I ara sé que, al capdavall, aquella història no va ser només la història del meu primer amor adolescent, un amor confús i a penes pressentit; no, també va ser la història d'un desconcert. Ella era una jove professora tan desconcertada com jo davant els reptes que havia d'acarar, uns reptes per als quals no tenia cap manual de receptes; i jo... jo era un adolescent imbècil absolutament torbat per tot el que em passava dins el cor i el que veia succeir al meu voltant... Sí, un adolescent imbècil i poca cosa més. Però, qui no ha sigut un adolescent imbècil a catorze anys? *(Es posa la gorra i es prepara per repetir el seu salt.)* En fi, la vida continua; i jo, és clar, també he de continuar...

(DAVID, dalt del seu monopatí, realitza diverses figures i salts sobre la plataforma parabòlica (halfpipe) on sol entrenar-se. Sembla prou satisfet dels seus progressos. Per fi, intenta el seu Remolí o David Twister: agafa impuls, surt disparat en l'aire i fa un tirabuixó en posició recta; però, en tornar a terra, perd l'equilibri i cau.)

DAVID. Merda! Merda! No ho faig bé; encara no ho faig prou bé... Hauré de seguir entrenant-me...

València, octubre 2004

ANNEX 1
El teatre de pigmalió

Durant el curs 2002/03 es van produir a València una sèrie de fets (atacs a cotxes cada cap de setmana per una banda d'adolescents fills de classe mitjana/alta, etc.) que em van fer pensar en la possibilitat d'escriure un text sobre l'educació i l'ensenyament. Un text que s'afegira a «las tradiciones temáticas de *Pigmalión*», que diria E. Llovet (*Educando a Rita*: 7). És a dir, unes tradicions temàtiques sobre el valor de l'educació amb obres com *Pigmalió* de B. Shaw, *Educando a Rita* de W. Russell, El *enemigo de la clase* de N. Williams o *Oleana* de D. Mamet. Però es tractava d'afegir-s'hi des d'una perspectiva diferent i d'acord amb una problemàtica més actual: d'una banda, volia qüestionar el poder monopolístic dels homes com a personatges principals (professor Higgins en el cas del *Pigmalió*, professor Frank en *Educando a Rita* i professor John en *Oleana*), tot mostrant una nova manera d'exercir el *poder* acadèmic a través d'una jove professora, Sara, i les noves relacions al si del sistema educatiu sense ambigüitats misògines com en l'obra de Mamet. Un *poder* que ja no es vol omnímode, sinó que es qüestiona a si mateix i tracta de posar-se al servei de la funció per al qual s'ha creat. Amb tots els problemes i equívocs que això pot implicar.

Així mateix, pretenia traure l'àmbit educatiu tant de les *investigacions* i *divertiments* classistes (*Pigmalió*), com de les minories universitàries (*Educando a Rita* i *Oleana*) per ressituar-lo en l'espai de l'ensenyament mitjà públic obligatori que és on es forma la immensa majoria de la població escolar i la futura majoria social, tot mostrant la gran crisi que les noves relacions, valors i paradigmes provoquen en el si de la comunitat educativa. I això, en fi, sense caure en l'esteroetip tan divulgat des de certes opcions que els alumnes de classes baixes són els més conflictius i inadaptats *(Enemigo de la clase):* la realitat matisa o desmenteix totes aquestes consolacions imaginàries com ho demostren els fets i la investigació psicològica i psicosocial. Perquè, al capdavall, només l'amor, la confiança i l'estabilitat afectiva, per sobre de diners, conductisme i altres ismes, se'ns revelen com a eines fonamentals de la pedagogia i l'educació.

No sé si hauré aconseguit teatralitzar adequadament, amb un text directe, amé, lleument imaginatiu i de producció no massa costosa, totes aquestes bones intencions ja que, al capdvall, «las tradiciones temáticas de *Pigmalión*» han de ser, en primer lloc i fonamental, teatre: carn i sang escènica. I si això s'hi dona, si els meus personatges, situacions, ritme, llenguatge... estan mínimament aconseguits, potser *la tradición* s'haurà ampliat i s'hauran trencat alguns dels tòpics més recurrents i capciosos a l'hora de mostrar la realitat psicològica, social i poètica de l'ensenyament.

ANNEX 2

Salts i passos de monopatí on the street

Em cal agrair a Óscar Ferrer i Oswaldo León (exalumnes de l'IES Benlliure de València) les explicacions sobre els salts dels skaters. I molt especialment a l'Óscar, que, a més, em va fer els dibuixos següents:

–*Boardslide* (barana)

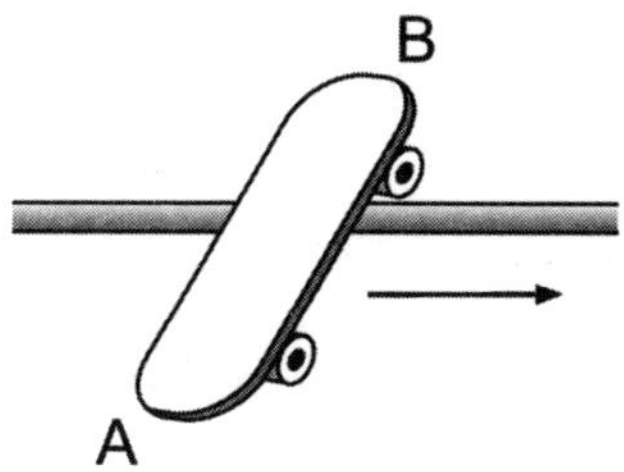

–*Lipslide* (barana)

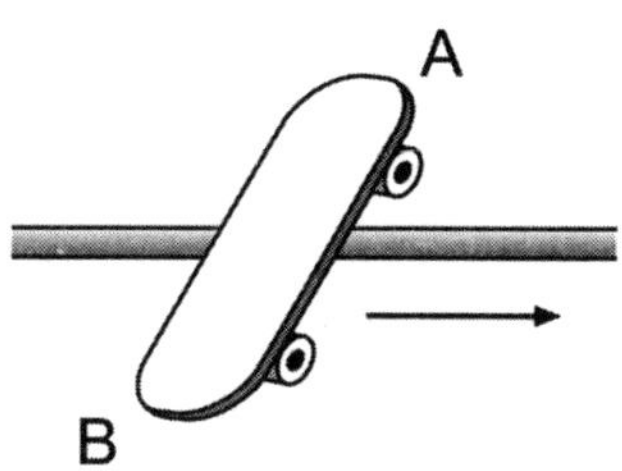

–*50º* (escala)

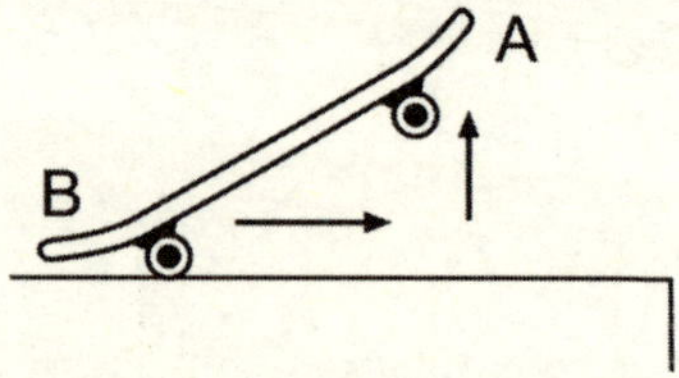

–*Nosesgrind* (barana)

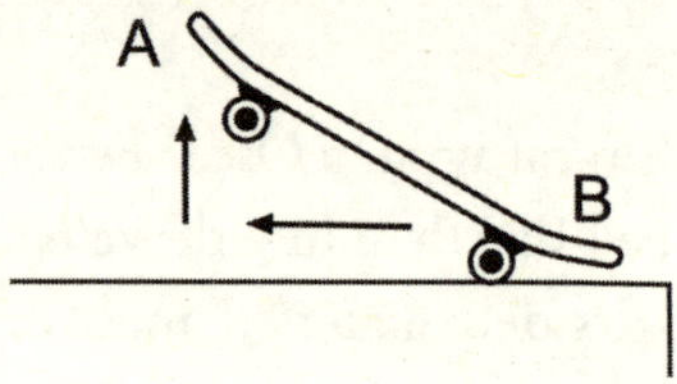

–*Nose Manual*

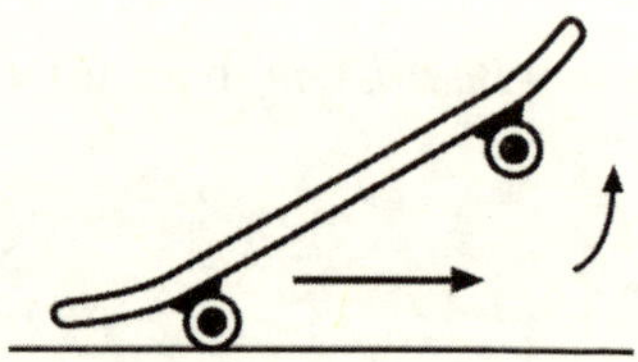

Manual (agafant carrera)

–*360º flip*

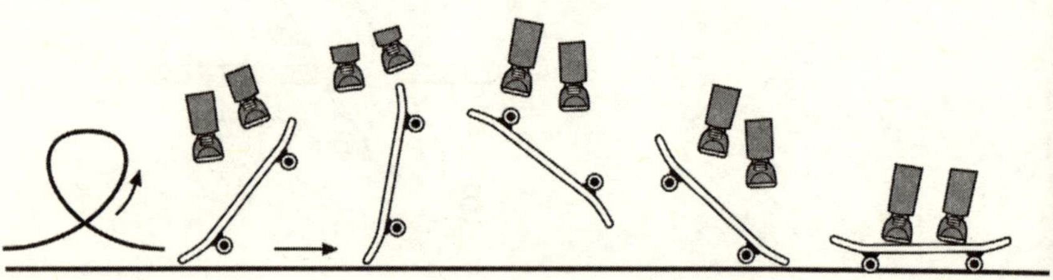

Hard flip (salt)

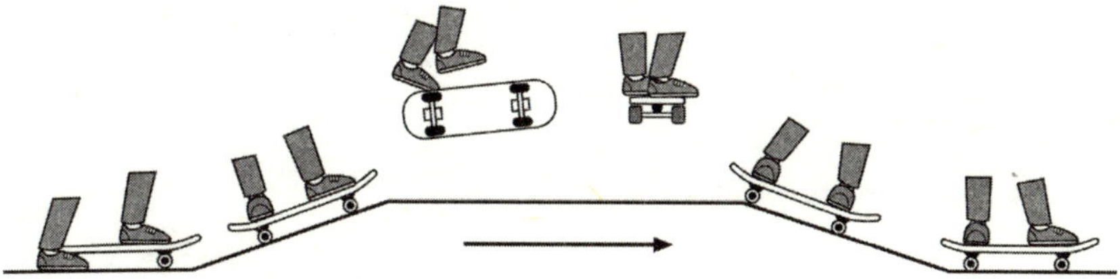

–*Airwalk* (salt)

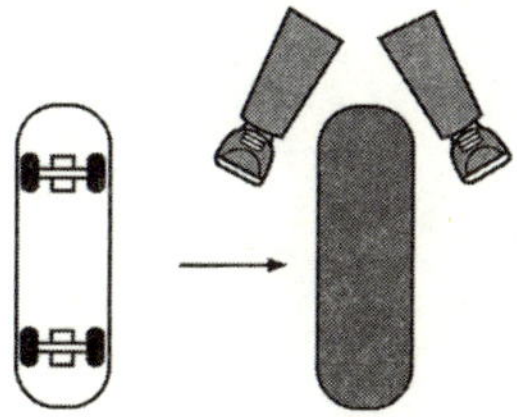

–*Varial kickiflip* (salt)

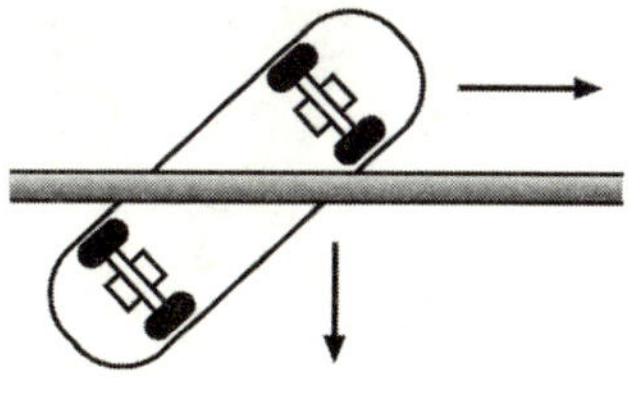

–*Casper* (estil lliure)

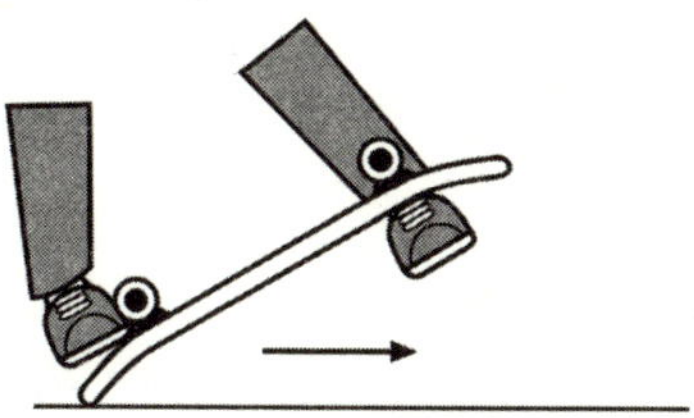

–Dropping in

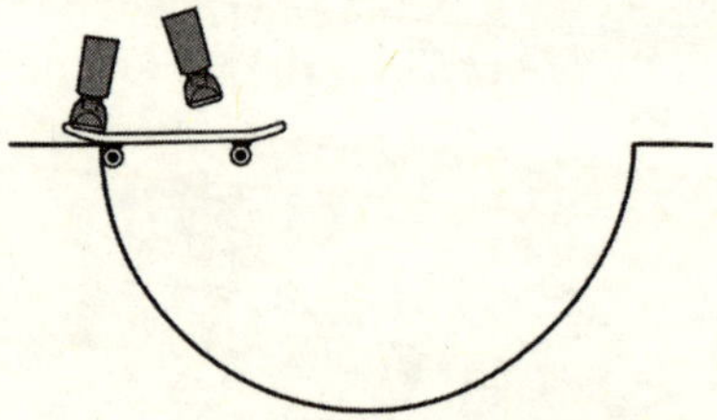

–Frontside air

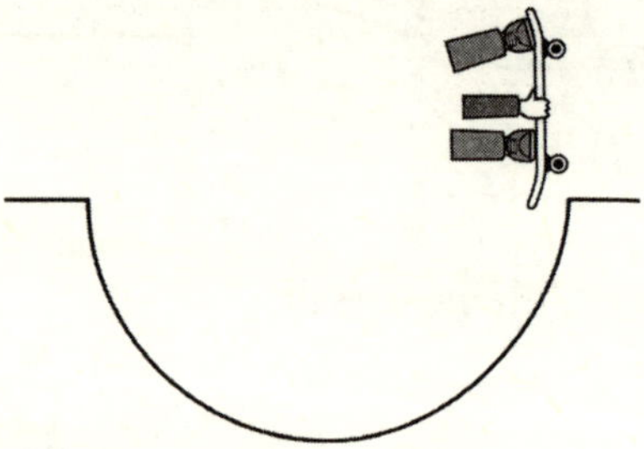

–Ollie

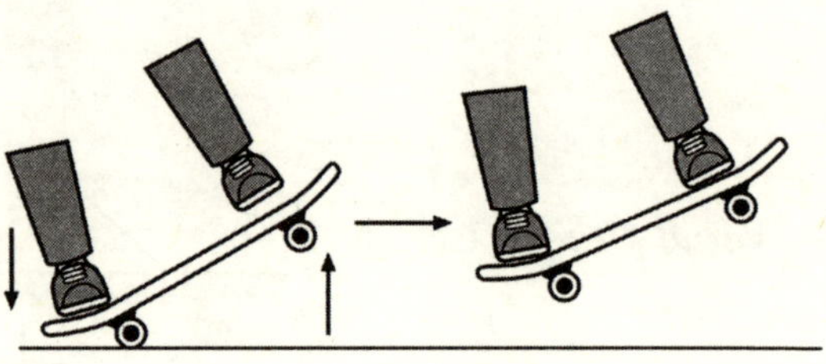

Ollie B peus davant. *Nollie*

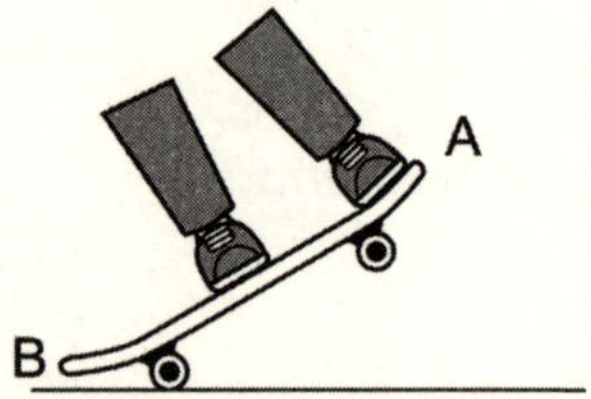

Ollie marxa arrere. *Fackie ollie*

180º o 360º frontside ollie

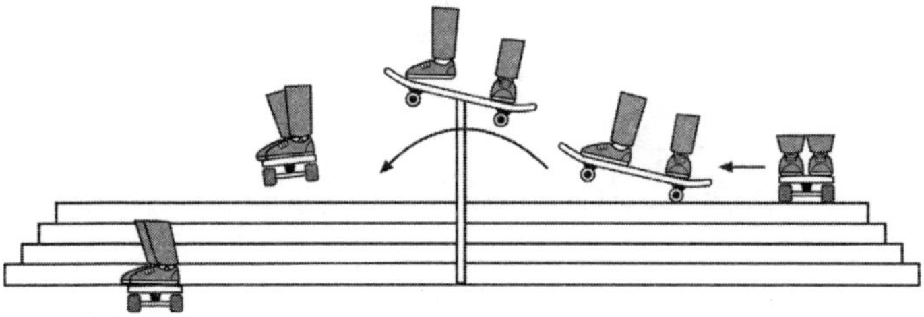

–Kickflip

Olscholl kickflip

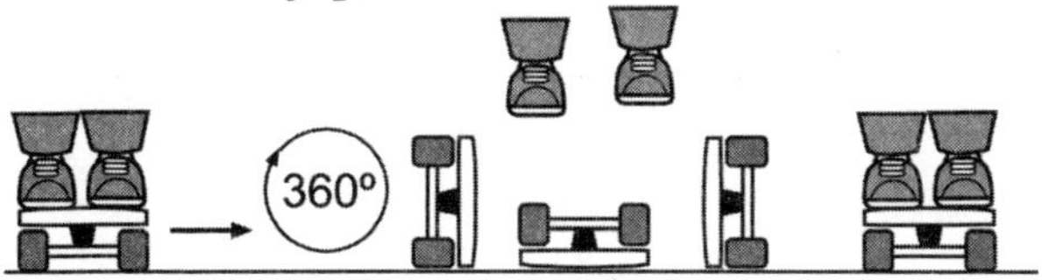

–Pop shove it

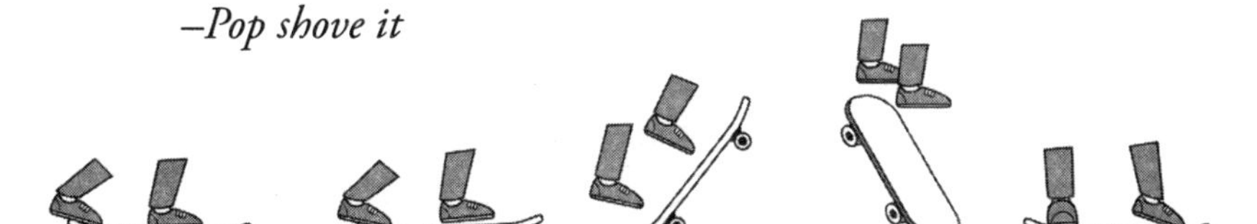

–Noseslide

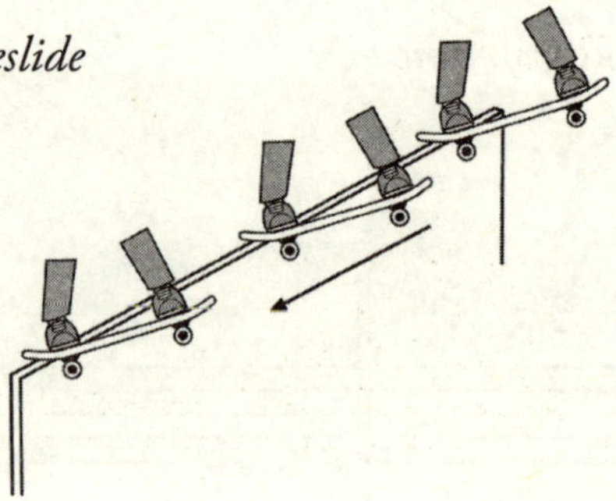

–50 - 50 gring

–Caveman

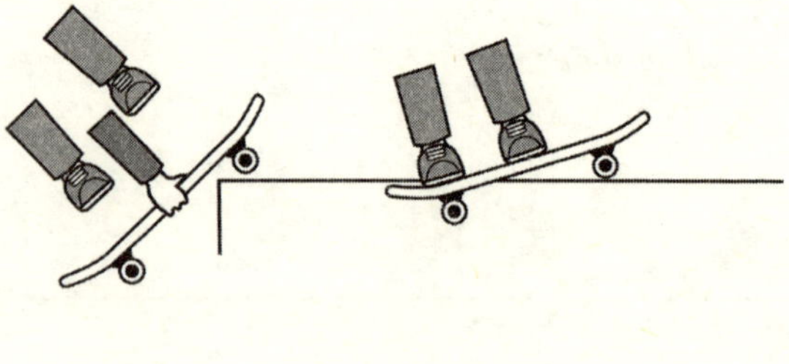

–*Goofy* (peu davant dret)

–*Regular* (peu davant esquerra)

ANNEX 3

Bibliografia

AA.VV. 2002: *Conflictos matrimoniales, divorcio y desarrollo de los hijos*. Pirámide, Madrid.

AA.VV. 2005: *Violencia y escuela* (ponencias). Centro Reina Sofía para el Estudio de la Violencia, València.

Echeburúa, E. 2000: *Personalidades violentas*. Pirámide, Madrid.

Mamet, D. 1995: *Oleana*. Edic. Proa, Barcelona.

Oliver, J. 1993: *Pigmalió* (Adaptació lliure de l'obra de Bernard Shaw). Edicions 62, Barcelona.

Russell, W. 1982: *Educando a Rita* (adaptació d'Enrique Llovet). Ediciones MK, Madrid.

Serrano, A. / Iborra, I. 2005: *Informe violencia entre compañeros en la escuela*. España, 2005. Centro Reina Sofía per a l'Estudi de la Violència, València.

Williams, N. 1993: *El enemigo de la clase*. Universitat de València, València.